# Ser + em Vendas

## Volume II

**Mauricio Sita**
Coordenação editorial

**Você tem neste livro lições para *Ser+em Vendas*
dos seguintes especialistas:**

Adriane Werner
Adriano Lunardon
Alessandro Lunardon
André Percia
Carlos Cruz
Dalmir Sant'Anna
Dario Amorim
Diego Berro
Edemilton Pozza
Evaldo Costa
Fernando Mindlin Serson
Fernando Viel
Gregório Ventura
Jean Oliveira
João Ecrédio
Jonas Pires
José Chaer
Leonardo Lima
Luciano Loiola
Marcelo Homci
Marcelo Ortega
Múcio Morais
Ômar Souki
Paulo Balreira Guerra
Prof. Douglas de Matteu
Rodrigo Cardoso
Sandro Suda
William Caldas
Wolney Pereira

Copyright© 2011 by Editora Ser Mais Ltda.
Todos os direitos desta edição são reservados à Editora Ser Mais Ltda.

**Capa e Projeto Gráfico:**
Danilo Scarpa

**Revisão:**
Karina Cedeño
Raquel Scaff

**Gerente de Projeto:**
Gleide Santos

**Diretora de Operações:**
Alessandra Ksenhuck

**Diretora Executiva:**
Julyana Rosa

**Relacionamento com o cliente:**
Claudia Lima

**Impressão:**
Imprensa da Fé

**Dados Internacionais de Catalogação na Publicação (CIP)**
**(Câmara Brasileira do Livro, SP, BRASIL)**

---

Ser Mais em Vendas Volume II – Grandes mestres mostram os caminhos para o sucesso em vendas / Coordenação editorial: Mauricio Sita – São Paulo: Editora Ser Mais, 2011.

Bibliografia.
ISBN 978-85-63178-16-9

1. Estratégia de venda. 2. Vendas e vendedores.

CDD - 658.85

---

**Índices para catálogo sistemático:**
1. Estratégia de venda 658.85
2. Vendas e vendedores 658.85

Editora Ser Mais Ltda
av. Rangel Pestana, 1105, 3º andar – Brás – São Paulo, SP – CEP 03001-000
Fone/fax: (0**11) 2659-0968
Site: www.editorasermais.com.br  E-mail: contato@revistasermais.com.br

# Índice

Apresentação ............................................................................ 7

Relacionamento é tudo no comércio!
**Adriane Werner** ..................................................................... 9

Estratégias em Vendas
**Adriano Lunardon** ............................................................... 17

Prospecção de clientes para vendas complexas
**Alessandro Lunardon** .......................................................... 25

Comunicação e linguagem para vender mais!
**André Percia** ....................................................................... 33

Venda de soluções – A arte de gerar valor na negociação
**Carlos Cruz** ......................................................................... 41

Não ative o concorrente na memória do cliente
**Dalmir Sant'Anna** ............................................................... 49

O novo perfil do vendedor
**Dario Amorim** ..................................................................... 57

Cinco estratégias de valor para vender mais caro do que seus concorrentes
**Diego Berro** ........................................................................ 65

A magia das vendas
**Edemilton Pozza** ................................................................. 73

Cinco passos para ser um campeão de vendas
**Evaldo Costa** ...................................................................... 81

CRM com ênfase em vendas
**Fernando Mindlin Serson** ................................................... 89

Dez passos para se condicionar à excelência
**Fernando Viel** ..................................................................... 97

O jogo interior das vendas: leão ou hiena?
**Gregório Ventura** .............................................................. 105

Lições de venda e de vida
**Jean Oliveira** ..................................................................... 113

O DNA do Vendedor de Sucesso

**João Ecrédio** ...........................................................................121
Como o atendimento em vendas pode ser igual, se cada cliente é diferente?
**Jonas Pires** ..............................................................................129

Comunicação, o diferencial do vendedor de sucesso
**José Chaer** ..............................................................................137

Isso tudo eu já tenho...
**Leonardo Lima** .......................................................................145

*Coaching* em vendas – Vendas de alta *performance* requerem comportamentos de alta *performance*
**Luciano Loiola** .......................................................................153

Líderes de Vendas e as Múltiplas Inteligências de Gardner
**Marcelo Homci** ......................................................................161

Que tipo de vendedor nunca está desempregado?
**Marcelo Ortega** .....................................................................169

Processos Comerciais e Inteligência de Vendas
**Múcio Morais** ........................................................................177

Atendimento tipo WOW!
**Ômar Souki** ...........................................................................185

O cliente não tem sempre razão, mas... tem sempre emoção!
**Paulo Balreira Guerra** ...........................................................193

Os segredos do profissional de vendas de $ucesso
**Prof. Douglas de Matteu** .....................................................201

Os três passos para combater as objeções
**Rodrigo Cardoso** ..................................................................209

Quem é sua equipe de vendas?
**Sandro Suda** ..........................................................................217

A experiência que faz vender
**William Caldas** ......................................................................223

A principal tarefa de um profissional de vendas
**Wolney Pereira** .....................................................................231

## Apresentação

Há mais de um ano decidimos publicar o livro *Ser + em Vendas*. Entendemos que foi inovador, uma vez que reunimos vinte e oito autores, que focaram *vendas* sob os mais variados prismas. Em poucos meses o livro estava esgotado.

O sucesso absoluto nos motivou a lançar o volume II. Estamos, assim, ampliando a abordagem do tema.

Se considerarmos que, desde o início do século XX, a repetição de conceitos tem sido uma constante ao se tratar de vendas, suas técnicas e análise psicológica do comportamento dos compradores, podemos assegurar aos nossos leitores que há muita coisa nova em nossos livros. Não se trata de apenas "mais um ou dois livros sobre vendas".

Todos os autores são profissionais de muito destaque, como palestrantes e/ou treinadores São estudiosos e inovadores, estão entre os melhores do Brasil. Eles apresentam, aqui, as coisas que realmente funcionam em vendas.

Você, caro leitor, está recebendo textos concisos, de extremo valor, que tratam apenas do que interessa.

E a "discussão" não para aqui. Você pode interagir no *blog* exclusivo **http://www.editorasermais.com.br/colecaosermais/ser-mais-em-vendas-vol2**. Nele, os autores publicam outros textos e se colocam à sua disposição para ampliar as análises de tudo que está proposto.

Este é, portanto, um livro que não termina na última página. Dependendo do seu interesse, a atualização será constante. Bom, não é?

Boa leitura!

**Mauricio Sita**
**Coordenação Editorial**
**Presidente da Editora Ser Mais**

**Ser + em Vendas Vol. II**

# 1

# Relacionamento é tudo no comércio!

"Quem não consegue abrir um sorriso não deveria abrir uma porta no comércio!" Esse velho ditado ilustra uma postura que tem sido considerada importante nas relações comerciais: colocar-se como quem está ali para servir o cliente. É uma postura acolhedora, de quem se dispõe a ouvir as necessidades e desejos do cliente, antes de sair oferecendo produtos e mais produtos

**Adriane Werner**

**Ser + em Vendas Vol. II**

# Adriane Werner

O sorriso é um elemento de aproximação entre as pessoas, desde que seja franco e espontâneo. Antes mesmo das palavras serem pronunciadas, o sorriso estabelece o elo para a comunicação começar. É uma característica eminentemente humana, um traço que só surgiu no comportamento humano com o refinamento da inteligência.

O homem é o mais relacional e dependente de toda a natureza. O cavalinho nasce quase independente. O tigre, o gato e o rato também, são praticamente independentes pouco tempo depois de nascer.

Desde a Pré-História, o homem percebeu que, se não cooperasse com seu semelhante, se não se comunicasse, não sobreviveria. Ele não era o mais forte, nem o mais rápido. Não tinha pelos espessos sobre o corpo para protegê-lo. E foi da fraqueza que surgiu sua força. Foi por necessidade que a raça humana se viu obrigada a desenvolver o raciocínio, a inteligência e a capacidade de ajudar o semelhante.

Trazendo essa visão para os dias atuais, percebe-se que a relação de interdependência entre as pessoas continua. O homem não vive sem se relacionar com o outro. É dependente desde o momento em que nasce. O bebê depende essencialmente da figura materna, depois da família, dos parentes. Na medida em que cresce, continua dependendo dos amigos, dos professores, amores, chefes... E dos clientes!

E o que isso tem a ver com o comércio? Tudo! Não existe comércio sem relacionamento entre as pessoas.

No começo do século XX, as empresas eram voltadas à produção. Isso acontecia por um motivo estritamente comercial: o que fosse colocado no mercado seria vendido. A procura era maior que a oferta. Hoje, a oferta é muito maior que a demanda e as empresas não podem esperar que o cliente apareça querendo comprar. É preciso atraí-lo!

Você vende ou o seu cliente compra? Essa pergunta é a base para o vendedor refletir sobre sua atitude perante o cliente. Não há mais espaço para atitudes passivas. Ele precisa saber seduzir o cliente, sem ser invasivo. É aí que entra o chamado "*Marketing* de Relacionamento".

Para muitos, *Marketing* de Relacionamento é sinônimo de alta tecnologia e informática, bancos de dados complexos. É claro que a tecnologia pode ajudar a melhorar o atendimento e relacionamento, mas o *Marketing* de Relacionamento é mais do que simplesmente a adoção de ferramentas tecnológicas. É pensar o relacionamento de uma empresa com todos os *stakeholders* (elementos da cadeia do negócio).

Muitas vezes, o que se busca é atingir a intimidade que os proprietários de "vendas", farmácias e mercearias de antigamente tinham com seus clientes, anotando na velha e boa caderneta seus hábitos de compra, vendas efetivadas, parcelamentos etc. Quando chegava o *Creme Rugol*, *seu* Manoel da farmácia guardava um pote para a *dona* Margarida, pois sabia que todo mês ela comprava um. Sem perceber, já fazia *Marketing* de Relacionamento.

A principal diferença daquela época para agora está na complexidade das relações. Se antes o cliente ia até a mercearia para comprar um quilo de feijão, hoje ele escolhe o tipo e a marca. Se antes o dono da mercearia conhecia seus clientes um a um, hoje uma equipe enorme de funcionários de um supermercado não sabe quem são os milhares de clientes que frequentam sua loja.

Assim como o número de clientes e de produtos ofertados aumentou, o comportamento do cliente também mudou, tornou-se muito mais exigente. Hoje, ele não aceita mais ser tratado como 'massa' e quer ser atendido em sua individualidade.

Nesse contexto, preço e qualidade já não são mais diferenciais, são 'obrigação' da empresa. O cliente crítico sabe que pode encontrar produtos semelhantes a preços competitivos e, por isso, pode exigir mais.

Essa mudança visível de comportamento alterou o *marketing* das empresas. As estratégias, antes voltadas para vender os mesmos produtos para o maior número possível de clientes, passaram a ter outro foco: vender vários produtos para um mesmo grupo de clientes. O objetivo do *Marketing* de Relacionamento é buscar vender mais e por mais tempo para os clientes conquistados.

É por isso que o **relacionamento** é tão importante, e é preciso (como na época da caderneta das mercearias!) saber quem é o cliente, qual é sua frequência de compra. É necessário documentar as experiências com cada cliente.

É aí que entra a tecnologia disponível para as táticas do *Marketing* de Relacionamento. Ferramentas como o CRM e o Database *Marketing* ajudam as empresas a criarem bancos de dados com informações importantes para manter o cliente fiel à empresa, e que sirvam para consultas em futuras experiências de vendas.

Empresas que adotam essas ferramentas, muitas vezes, pecam em detalhes importantes, como não saber registrar as informações fundamentais para futuras consultas, dificultar o acesso ao banco de dados pelos funcionários, ou mesmo exagerar na tecnologia.

O banco de dados serve para registrar as experiências com os clientes. Não bastam dados cadastrais como nome completo, RG. É preciso documentar o que e quando ele comprou, o que *não* comprou e porque, as reclamações, eventuais pedidos e, até, as impressões do vendedor atendente.

Assim, ele deve estar disponível para consulta e acréscimo de novas informações ao maior número possível de funcionários. É comum as empresas destinarem apenas um pequeno grupo com acesso ao banco de dados, mas isso pode atravancar o processo de relacionamento com o cliente.

Outro aspecto importante é a capacitação das equipes de trabalho para que saibam extrair as informações importantes. Por exemplo: com a análise criteriosa do banco de dados, é possível saber quais são os clientes mais assíduos, os que mais compram, seus hábitos de compra, fatores de motivação das compras e, até, perceber eventuais clientes descontinuados.

Isso permite às empresas traçar estratégias para melhorar as vendas, como o*utselling*, *crosselling* e a própria fidelização.

Sabe-se que é importante prospectar novos clientes sempre – afinal, eles não são eternos e não há garantia de fidelização. Mas é fato que, para as empresas, é mais caro atrair um novo cliente do que investir no relacionamento já conquistado. No entanto, em campanhas publicitárias de empresas, a preocupação parece ser muito maior com a atração do que com a consolidação do relacionamento.

Casos típicos dessa estratégia equivocada são as campanhas das operadoras de telefonia celular, que apresentam promoções sedutoras para novos clientes, mas não as disponibilizam para os antigos. Estes não veem vantagens em se manter fiéis e, por isso, ficam mais vulneráveis a promoções concorrentes.

A venda não se resume mais ao momento da troca de um produto ou serviço por dinheiro. Ela começa antes desse momento (com a conquista do cliente, quando *algo* atrai a pessoa para um estabelecimento comercial) e deve permanecer por muito tempo depois.

Esse *algo* atrativo pode ser o próprio produto ou serviço, o preço praticado, a qualidade etc. Cada vez mais, são elementos mais sutis que fazem a diferença e determinam que o cliente prefira a empresa 'A' e não a 'B'.

O *Marketing* de Relacionamento permite criar lealdade do cliente à empresa. É preciso saber quem é o cliente, o que ele quer e precisa, para, então, as empresas poderem adaptar suas ofertas às características do seu grupo de clientes. Só se pode criar vínculo na medida em que se sabe quem são eles.

Ao formar um banco de dados, a empresa percebe, por exemplo, quais são os clientes mais interessantes para o seu negócio. Nem sempre estes são apenas os que compram mais ou que resultam em vendas mais lucrativas. É preciso saber detectar quem são os clientes que abrem portas ou que trazem novos clientes. É possível perceber também aqueles que, eventualmente, estejam causando prejuízos para a empresa, trazendo reclamações impertinentes.

Em outras palavras, o *Marketing* de Relacionamento permite desenvolver uma política diferenciada para os clientes especiais. Essa política pode contemplar planos de fidelização, como cartões de pontuação que resultem em presentes ou descontos, entre outras possibilidades.

No fortalecimento da relação com o cliente, é fundamental criar intimidade na medida certa. É preciso saber qual o grau de abertura que o cliente dá para essa intimidade. Uma relação muito fria dificulta a aproximação, mas a invasão da privacidade pode por em risco a relação comercial. Usar apelidos íntimos ou uma linguagem corporal de muita aproximação, sem que haja abertura do cliente, pode estragar tudo. Ao mesmo tempo, deve-se tomar o cuidado de não parecer distante e frio. Portanto, o segredo é descobrir

o grau exato de intimidade permitido, e conquistá-lo.
Os clientes podem ser divididos em categorias diferentes:
- *Prospects*;
- Experimentadores;
- Compradores;
- Eventuais;
- Regulares;
- Defensores;

Mesmo sabendo que é mais interessante apostar nos clientes já conquistados, as empresas nunca podem parar de prospectar, porque o cliente pode deixar de ser fiel a qualquer momento, por diversos motivos. Quando se conquista um *prospect*, ele se torna um experimentador. Se essa primeira experiência for aprovada, ele pode se tornar um cliente eventual. Se adquirir o hábito de comprar da mesma empresa, será um cliente regular. E o sonho de toda empresa que acredita no seu *Marketing de Relacionamento* é fazer com que os clientes tornem-se defensores e conquistem novos clientes, em um círculo virtuoso.

Para conseguir a fidelização, a empresa tem alguns caminhos a seguir, como o investimento em diferenciais competitivos, o atendimento personalizado e o estabelecimento de um canal de comunicação direta com o cliente – um SAC, por exemplo. Diferencial competitivo é a característica conquistada ou desenvolvida pela empresa. Este precisa ser reconhecido pelo cliente. De nada adianta uma grande vantagem que não seja percebida por ele – como, por exemplo, mudanças tecnológicas internas que ele não saiba.

É importante incentivar o cliente a reclamar, quando preciso. Deve-se separar as reclamações verdadeiras daquelas que representam apenas frustrações pessoais. Na maioria das vezes, as reclamações trazidas são alertas para eventuais erros cometidos. Quem reclama está pedindo para ser fidelizado, pois, se não quisesse se relacionar com a empresa, simplesmente iria embora para comprar da concorrência. Se ele reclama, é porque acredita que a empresa pode fazer melhor. E quando é resolvido o eventual problema, o cliente guarda em sua memória a experiência positiva do problema resolvido – e não o problema em si.

Quando se investe em **relacionamento**, todos ganham – empresa e clientes. Para estes, relacionar-se com uma empresa aumenta sua sensação de confiabilidade, conforto e segurança. Ao invés de gastar tempo pesquisando, ele se dirige diretamente à empresa onde ele sabe que vai encontrar os melhores produtos e serviços, pelos preços mais justos. Já para as empresas, investir em um relacionamento forte com o cliente é a garantia de proximidade: o cliente passa a ser um consultor que opina sobre os rumos da empresa, alerta sobre eventuais erros de estratégia, sugere novas formas de atuação. Ou seja, passa a ser um defensor, um propagador dos princípios da empresa.

**Adriane Werner**

É jornalista, especialista em Planejamento e Qualidade em Comunicação e mestre em Administração de Empresas. Dirige a empresa Adriane Werner & Cia, de Consultoria e Treinamentos em Comunicação. Ministra cursos de Oratória, *Media Training* e Etiqueta Corporativa para grupos de profissionais liberais, gerentes e líderes, como Mili, Massey Ferguson, Sthil, Correios, Associação dos Magistrados do Trabalho (PR, MG), entre outras.
É professora de Comunicação e Oratória do curso de Formação de Consultores Thompson. Escreve sobre comportamento profissional em diversas publicações nacionais.
Atuou por 16 anos na RIC, afiliada à Rede Record de Televisão. Foi repórter de TV, jornal e rádio (RIC, Jornal Indústria & Comércio, Jornal do Estado, Rádio Clube Paranaense), editora e pauteira.
Há 14 anos é também professora universitária. Lecionou na PUCPR, na Universidade Tuiuti do Paraná e na Universidade Positivo, onde, hoje, atua em cursos de graduação e pós-graduação e, também, na UTFPR e Grupo Uninter.

**E-mail:** adriane@adrianewerner.com.br
**Site:** www.adrianewerner.com.br
**Telefone:** (41) 3082-8882

## Anotações

# 2

# Estratégias em Vendas

Uma nova postura estratégica deve ser seguida por empresas e gestores que atuam com equipes de vendas. A hipercompetitividade e a velocidade na mudança do ambiente dos negócios, forçosamente, farão com que se adotem novas e criativas ações para se sobreviver em mercados complexos. Direcionar as ações de vendas para resultados crescentes é a proposta deste ensaio

## Adriano Lunardon

O conceito de *estratégia* advém essencialmente da disciplina militar. Não existe um conceito único ou definitivo.

Um dos primeiros usos do termo *estratégia* foi utilizado na China antiga pelos generais da guerra, que, antes de qualquer batalha, reuniam-se com seus soldados para estudar "possíveis movimentos que seriam usados, para que, durante a batalha, se pudesse ter uma vantagem competitiva sobre o oponente".

Mais tarde, outro general e estrategista chinês, Sun Tzu, afirmou no manual *A Arte da Guerra* que **"todos os homens podem ver as táticas pelas quais eu conquisto, mas o que ninguém consegue ver é a estratégia a partir da qual grandes vitórias são obtidas"**.

Segundo Mintzberg (1983), a palavra *estratégia* assumiu o sentido de habilidade administrativa na época de Péricles (450 a.C.), quando passou a significar habilidades gerenciais (administrativas, de liderança, de oratória, poder e **vendas**).

Mas, qualquer que seja a definição para *estratégia* destacam-se algumas palavras-chave que sempre permeiam seu conceito.

Vou alinhar alguns conceitos, ou palavras-chave, de estratégias com ações práticas e concretas, que gestores e empresas possam seguir para retomar a sua rota de crescimento em vendas:

### Mudança

Falar de mudança é resvalar em um tema comum e de consenso. Muito mais que entender a dinâmica da mudança nas empresas é entender sua velocidade, e não somente a mudança propriamente dita.

Uma das primeiras preocupações do gestor, antes de antecipar qualquer movimento estratégico em vendas, será medir qual o grau de aderência da equipe para propostas de inovação. Comece perguntando à equipe:

1. Minha equipe é apegada aos velhos hábitos?
2. Tenho dificuldade de propor novas formas de trabalho?
3. Qual é o nível para o aprendizado e inovação da minha equipe?

### Ambiente

Um dos grandes legados do Sun Tzu foi a orientação aos imperadores chineses para que, se "eles fossem para uma guerra, e conhecessem bem o seu inimigo (ambiente externo) e a si mesmos (ambiente interno), eles não teriam que temer o resultado de cem batalhas, pois provavelmente venceriam todas".

Neste quesito, o gestor deve questionar qual o nível de conhecimento que sua equipe de vendas tem e domina sobre pontos como:

1. Quais as características, benefícios e vantagens do produto ou serviço que vendo?
2. Qual minha estratégia de apresentação de vendas?
3. Quais os principais motivadores de compra que levam clientes a comprar da minha empresa?
4. Que grupo de objeções o **cliente** fará e, à luz das várias técnicas, que conjunto de respostas a essas objeções minha equipe dará ao cliente?
5. Quem são meus concorrentes?

**Planejamento**

Definitivamente, profissionais da área comercial não prestam atenção ou investem parte do tempo em planejamento para suas ações de vendas. "A meta é alta, não se tem tempo, a equipe tem que estar na rua vendendo", estas são algumas das desculpas de gestores para o "não-planejamento".

Se fôssemos fazer uma análise criteriosa, veríamos que, grande parte do dia, gestores e profissionais da área de vendas ficam somente resolvendo problemas, literalmente apagando incêndios e gerando raras oportunidades de novos negócios, por conta da falta de planejamento das ações da sua equipe.

Antecipar movimentos é um dos grandes trunfos da moderna gestão estratégica de vendas. Improviso não funciona mais e é quase uma sentença de morte.

**Competitividade**

Somente concorrer em mercados complexos não será suficiente. É necessário criar estratégias competitivas para se diferenciar.

Diferenciais competitivos são movimentos que você e sua equipe devem possuir para que sejam distintos dos demais. Às vezes, não são ações mirabolantes que os diferenciam, e sim a somatória de detalhes que, juntos, criam uma onda de satisfação aos mercados onde se atua. Questione-se:

1. O que nós fazemos de melhor?
2. Onde somos realmente bons?
3. O **cliente** consegue perceber tudo isso?

### Desempenho

O desempenho de equipes de vendas está diretamente ligado ao estilo de liderança do gestor. Você é **chefe,** a quem as pessoas obedecem pelo medo do cargo que exerce, ou você é **líder,** que cria discípulos que o seguem (e lhe obedecem) porque acreditam na causa que defende?

O **desempenho** também pode ser afetado pelo sistema de remuneração adotado. Equipes de vendas devem, em média, ter um mínimo de 80% da sua remuneração baseada em ganhos variáveis (comissões e aceleradores de desempenho).

Sob a ótica da *estratégia*, o desempenho está também atrelado à vitória da batalha, ao cumprimento da **missão**.

### Missão

A definição de *missão*, *visão* e *valores* se popularizou na década de 80 nas empresas brasileiras como primeira onda para a organização de processos e rotinas de qualidade total.

Uma pena que, para muitas destas empresas, a **missão** e **visão** se limitaram à confecção de um belo e grande quadro na recepção ou na sala de reuniões.

A filosofia empresarial deve não somente nortear as ações da empresa, mas também as ações estratégicas da equipe de vendas.

1. Qual o norte, a direção (**missão**) da minha equipe de vendas?
2. Quais objetivos (**visão**) se pretende atingir?
3. Minha **missão** e **visão** estão alinhadas com a **missão** e **visão** da empresa?

### Objetivos

Sempre costumo enfatizar nos *workshops* de vendas que realizo que: meta + meta = objetivo; objetivo + objetivo = missão cumprida.

A missão é algo mais estratégico a médio e longo prazo. O objetivo pode ser estabelecido em intervalos de tempo menores, e metas, em intervalos menores ainda.

Logo, se minha equipe tem um valor em reais em quantidade (unidades) para ser negociada ou vendida num mês, eu tenho um **objetivo** de vendas a ser cumprido.

Um erro comum é gerenciarmos somente os **objetivos de vendas**. Normalmente, seguindo somente esta estratégia, quando chegam os dias 27 ou 28 de cada mês, é aquele desespero para o "fechamento do mês".

Adote como uma nova estratégia a gestão das metas, e não somente dos **objetivos de vendas**.

Divida o seu objetivo mensal em metas semanais, diárias, e por vendedores, e gerencie essas metas.

Com essa postura, já nos primeiros dias do mês, o gestor terá condição de propor medidas preventivas, ou corretivas, para fomentar a curva de vendas proposta naquele mês como objetivo de vendas.

**Fatores Críticos de Sucesso – FCS em vendas**

O gestor de vendas pode assumir um papel estratégico interessante adotando o seguinte modelo de planejamento da estratégia:

1. Quais objetivos quero atingir com minha equipe de vendas?
2. Quais fatores ajudam na obtenção deles?
3. O que farei para potencializar estes fatores?
4. Quais fatores atrapalham no alcance destes objetivos?
5. O que farei para minimizar os fatores que atrapalham?
6. Quais estratégias (ações) serão adotadas e quando atingiremos os objetivos?

**Adriano Lunardon**

Diretor da UniveB ®; Escola Superior de Vendas do Brasil; palestrante e vice-presidente da ADVB-PR - Associação dos Dirigentes de Vendas e Marketing do Brasil.

**E-mail**: adriano@univeb.com.br

**Telefone**: (41) 3025-1111

## Anotações

# 3

# Prospecção de clientes para vendas complexas

Esforço sem planejamento é *stress*. Conheça cinco estratégias que ajudam a organizar o trabalho e que servem principalmente para não sair atirando para todos os lados

## Alessandro Lunardon

**Ser + em Vendas Vol. II**

Quero falar especialmente aos profissionais de vendas que atuam com vendas complexas.

Venda complexa é aquela em que precisamos investir tempo, dedicação e planejamento para conseguir oferecer as soluções dos nossos produtos e serviços. Normalmente estão relacionadas a grandes problemas de clientes corporativos.

Neste tipo de venda, nem sempre a necessidade é explícita. Temos que desenvolver técnicas de sondagens para despertar a necessidade de solução no comprador, antes de tentar vender.

O cliente precisa perceber que a solução vai gerar resultados e o vendedor precisa estar atento à equação de valor, que neste caso é fundamental para o entendimento e o melhor caminho para a realização do negócio.

A primeira fase do processo de prospecção destes clientes é IDENTIFICAR CLIENTES POTENCIAIS, que é o processo de mapear o mercado em que o vendedor vai atuar.

Os clientes potenciais podem se originar de diversas formas, como por exemplo: mídias sociais, anúncios em *sites* de busca, pesquisas de mercado, indicações pelo pós-vendas, ações de propaganda e publicidade, eventos, exposições, clientes inativos e tantas outras.

Os objetivos da prospecção poderão ser determinados a partir de algumas estratégias, veja alguns exemplos:

- Buscar clientes em segmentos que não são atendidos e encontrar clientes potenciais;
- Buscar clientes em regiões não atendidas, desde que façam parte da área de atuação da empresa e do vendedor;
- Buscar clientes da concorrência e oferecer vantagens competitivas;
- Reconquistar clientes inativos;
- Buscar indicações de clientes já existentes por meio do pós-vendas e do relacionamento.

São cinco estratégias que ajudam a organizar o trabalho e que servem principalmente para não sair atirando para todos os lados. Esforço sem planejamento é *stress*.

Depois de identificar o mercado onde o vendedor vai atuar e estabelecer suas metas de prospecções, é necessário investir tempo na segunda fase do processo: QUALIFICAÇÃO OU SEGMENTAÇÃO DE CLIENTES, que vai exigir um investimento de tempo e um empenho maior. Em alguns casos, é possível fazer a segmentação pela *internet*, pois estamos tratando de empresas que sem dúvida estão lá.

QUALIFICAR CLIENTES é encontrar os clientes certos para os benefícios e vantagens que sua empresa oferece, para os principais problemas e necessidades das empresas.

Na *internet* conseguimos pesquisar se a empresa possui filiais, os produtos e serviços que ela vende, quem são seus principais clientes etc e nossa experiência de mercado pode ajudar a concluir quais são as principais necessidades do cliente, pelo porte, pela região, pelo segmento.

Outra forma de qualificar o cliente é por meio de contatos com o pessoal que não tem poder de decisão. Procure algum usuário do produto ou da solução, outros departamentos, até a secretária ou um atendente podem se transformar em uma grande fonte de informação. Não esqueça: em vendas complexas é preciso investigar ao máximo.

Podemos descobrir, por exemplo, seus principais problemas, quem é o fornecedor atual e ainda se existem necessidades que não são atendidas.

De posse destas informações iniciais, será possível realizar uma boa abordagem. É aí que está a grande dificuldade atual dos vendedores: conseguir a oportunidade de uma visita ou mesmo um contato telefônico com o influenciador ou com o comprador de uma empresa.

E por que é difícil? Analise comigo, imagine uma empresa de médio ou grande porte e pergunte-se: quantas vezes ao dia o comprador desta empresa é abordado por telefone e *e-mail* por um vendedor tentando vender a você alguma coisa? Sem dúvida, várias vezes. Eles já possuem respostas prontas, e a tradicional objeção – *"Por favor, mande sua proposta ou apresentação por e-mail"* - é o que mais se ouve, não é?

Fazer diferente para ter outro resultado, certo? Então vamos começar pela abordagem diferenciada. Ao fazer uma boa investigação, você saberá exatamente o que dizer nos seus comentários iniciais ao comprador para despertar o seu interesse em ouvi-lo. Em uma abordagem para venda complexa você precisa de uma oportunidade para seguir em frente.

Provavelmente seu cliente já é atendido por um fornecedor e talvez já seja atendido por ele há muito tempo, podendo ter desenvolvido uma relação de confiança. E você acaba de aparecer em sua frente. O que o fará dar-lhe uma oportunidade?

Você terá que apresentar algo diferente do que ele já possui e quem sabe nos primeiros passos e primeiros encontros, terá que só tentar conquistar a credibilidade do comprador e conseguir apresentar melhor vantagem competitiva do que seu concorrente.

Só o fato de você iniciar sua abordagem demonstrando que já conhece um pouco da realidade do cliente vai lhe proporcionar alguns pontos a mais e, do ponto de vista do comprador, você já começa a estabelecer credibilidade com ele.

Cite um benefício ou uma vantagem competitiva do seu produto ou serviço que vai ajudar a resolver grandes situações-problema do cliente e logo em seguida formule uma pergunta para identificar como isso vai ajudá-lo. Quando formulamos perguntas logo após uma declaração de benefício, corremos menos riscos de escutar logo de cara uma objeção.

Nos primeiros contatos o vendedor deve ter a consciência de que seu esforço deverá estar concentrado em conhecer a realidade do cliente e esta é a chave para a realização de parcerias e vendas lucrativas. Quanto mais tempo se dedicar a entender as principais necessidades, problemas e expectativas dos clientes corporativos, maiores serão as probabilidades de se oferecer uma proposta de valor para eles.

Seja sutil e não transforme esta fase em uma pesquisa. Clientes detestam aquela enxurrada de perguntas. Seja natural ao conversar com o cliente, mas não esqueça seu objetivo: SONDAR.

Nas prospecções de vendas complexas, dependendo do tipo de venda, pode-se levar meses e vários contatos para obter as informações necessárias. Sendo assim, é necessário planejar os clientes individualmente.

Utilizar técnicas de fechamento, persuasão, apresentações focadas somente em preço e características de produtos não funcionam nas vendas complexas e ainda o vendedor corre riscos de jamais ter a oportunidade de acessar determinados clientes.

Qualificar clientes potenciais ajuda nos fechamentos, neutraliza grande parte das principais objeções e o melhor: faz com que suas apresentações sejam customizadas de acordo com o perfil de cada cliente e suas necessidades.

Planejar clientes individualmente, esta é a chave para vendas complexas bem-sucedidas.

Uma das grandes estratégias dos vendedores profissionais é o planejamento das informações dos clientes. O vendedor deve ser um especialista em clientes.

O grande paradigma da área de vendas que precisa ser quebrado: "O vendedor de preço".

Se você assume que o cliente busca apenas o menor preço, já iniciará o processo de vendas direcionado a vender só se tiver preços melhores do que a concorrência.

Vendas complexas giram em torno de grandes problemas que exigem uma relação de confiança no vendedor, na solução e na empresa.

Não ofereça soluções ou propostas rapidamente, mostre ao

cliente que você é um solucionador de problemas que gera resultados. Aprofunde-se ao máximo, descobrindo a seriedade e as consequências que os problemas trazem ao seu cliente.

As vendas complexas também envolvem um grande número de pessoas no processo decisório. Envolvem várias reuniões e as decisões não são tomadas imediatamente.

A maneira correta de fazer a demonstração: antes de apresentar seu produto ou serviço, é fundamental que você tenha criado um forte desejo do cliente em resolver aquele problema.

Um grande erro do profissional de vendas complexas é abandonar o *prospect*. Sua postura imediatista não ajuda em nada. É preciso compreender que em vendas complexas, após abrir um potencial cliente, o mais importante é acompanhar a evolução de sua apresentação. Tente conseguir aliados, pois as decisões normalmente não serão tomadas na presença do vendedor.

Adote os 5 "P"s em vendas complexas:

1º P – Planejar Clientes – Tente saber tudo sobre seu cliente antes de tentar vender.

2º P – Planejar Produtos – Entenda tudo sobre o seu produto ou serviço, estude os benefícios e principalmente suas melhores vantagens.

3º P – Planejar a Concorrência – Conheça os pontos fortes e fracos do concorrente e saiba usar os seus melhores atributos e benefícios para superar as principais objeções. Estude os seus pontos fortes, eles serão sempre os seus melhores aliados para grandes vendas.

4º P – Prospectar Clientes – Identifique seu mercado, investigue e qualifique seus clientes e use estratégias de abordagens diferentes da sua concorrência.

5º P – Plano de Ação – Sem objetivos é mais difícil de chegar lá. Adote um plano, defina suas estratégias e acompanhe os resultados. TODOS OS DIAS.

**Alessandro Lunardon**

Instrutor de treinamentos abertos e *in company* com 25 anos de experiência em vendas e gestão de vendas. É sócio diretor executivo da UniveB® – Escola Superior de Vendas do Brasil. Coordenador Estratégico do MBA Executivo em Gestão Estratégica de Vendas, Coordenador do SBA – *Sales Business Administration* da UniveB®. Treinou mais de 20 mil profissionais das áreas comerciais de empresas nacionais e multinacionais. Agora já são 26 anos de experiência com vendas e mais de 30.000 vendedores treinados.

**Site**: www.univeb.com.br
**E-mail**: alessandro@univeb.com.br
**Telefone**: (41) 3025-1111

# Anotações

# 4

# Comunicação e linguagem para vender mais!

Utilizar de modo eficaz a comunicação com o cliente pode ajudá-lo a perceber as características, vantagens e benefícios de sua compra

**André Percia**

Ser + em Vendas Vol. II

# André Percia

A Programação Neurolinguística oferece a possibilidade de usar a comunicação de forma elegante e eficaz para uma melhor interação com os interlocutores; as pessoas para quem vendemos produtos, serviços ou ideias. De forma prática e objetiva, apresentarei exemplos sobre seu uso numa situação ou ambiente de vendas.

O objetivo das perguntas abaixo apresentadas é o de ajudar tanto o cliente quanto o vendedor a esclarecerem aspectos importantes do processo de venda.

Faça uso de questões abertas para saber mais: *como? O quê? Onde? Quando? Qual? Quem?*

"Quem vai ganhar esse presente?", "Qual o motivo de sua compra" e "Quem mais apreciará seu vestido novo?".

1. Faça perguntas nas quais a pessoa possa confirmar sua afirmação: *"Uma pesquisa recente mostrou que 90% das pessoas estão insatisfeitas com sua mobília. **Você também acha isso**?".*
2. Polarização: pergunta fechada especialmente elaborada para levar a um "sim" ou "não".
   Vendedor de cadeira de bebês: ***"Você se preocupa com a segurança de seu bebê?".***
3. Questionamento negativo: estruturado na negativa para gerar contradição: ***"Você não <u>concorda comigo</u>?***
4. Declarações como perguntas seguidas de silêncio: ***"Obviamente você vai querer levar esse cinto que caiu tão bem!"***
5. Oferecimento da resposta: quando o vendedor quer uma resposta específica ou sabe um resultado importante para a venda:
   *"O que é importante quando se compra uma casa ou apartamento? Segurança, certo?"* ou *"Você quer comprar uma roupa para sair à noite. Você quer se sentir como? Bonita, é claro!".*
6. Pressuposto subliminar: o cliente concordará com o que diz e, no que fala, há um pressuposto escondido: *"Compreende bem por que nosso produto é o que melhor atende você?"* **(pressuposto: "Nosso produto é o melhor para você").**
7. Contornando objeções com perguntas-chave (*como, o quê, qual e por que não*):
   Cliente: "Não acho que essa compra tenha uma boa relação custo-benefício".
   Vendedor: *"**Como** está fazendo essa avaliação?", "**Qual** preço a senhora acha que atenderia à sua expectativa?"*
8. Especificando: usar "como", "quando", "onde", "quem" para obter uma resposta específica:
   *"**Quando** poderá voltar para levar o vestido?", "**Com quem** eu falo para apresentar nossa proposta?"*
9. Clarificando a proposta
   Comparações: "Pode me dizer o que a senhora não gostou?"
   ***Características, Vantagens e Benefícios (C, V e B, respectivamen-***

***te)***. Fechando um final de semana em hotel: "Conforto e prazer é o que nós oferecemos (C), pagar este valor bem abaixo do custo de mercado é o que adquirir nosso produto/serviço fará por você (V) e passar um final de semana especial e relaxante (B) será seu presente.

10. Trabalhando com colocações absolutas, muitos usam palavras que raramente admitem exceções como: nunca, sempre, todos, nenhum etc.

O vendedor pode desafiar essa colocação absoluta de forma gentil e educada: **"O que contribui para essa preferência?"** ou **"Em que condições/ circunstâncias a senhora considerará fazer outra escolha?".**

Comprador: "Nunca compraria de outra marca".

Vendedor: **"Nunca??! Em nenhuma circunstância?"** com ênfase, ou **"Tem certeza absoluta de que nunca comprou ou compraria de outra marca?".** Pode ajudar o cliente a relativizar.

11. Regras pessoais: alguns estabelecem regras para suas compras ou para a forma com que esperam que o processo ocorra. Usam palavras como: preciso, devo, não posso etc. Desafie gentilmente:

Comprador: **"Eu não posso fazer o pedido hoje".**

Vendedor: **"O que aconteceria se você o fizesse?", "Por que não?", "Qual a questão que está considerando?"**

Vendedor: **"Não valeria a pena esperar um pouco mais para receber o que há de melhor?".**

### RESSIGNIFICANDO OBJEÇÕES NO PROCESSO DE VENDAS:

Muitas objeções estão apoiadas em crenças arbitrárias. Podemos ajudar o cliente a perceber as características, vantagens e benefícios de sua compra, ressignificando-as. Veja abaixo:

1. Estratégia da Realidade, reavaliamos a crença mudando aspectos da percepção.

   Objeção (O): "Há outros produtos similares mais baratos".

   Ressignificação (R): "Como você sabe se os outros produtos similares têm a mesma qualidade?".

2. Modelo de Mundo, reavaliar a crença a partir de um modelo diferente.

   O: "O preço não está alto?".

   R: "Você sabe que a maioria das pessoas acha uma pechincha, considerando a qualidade e a durabilidade?"

3. Mudando o Enquadramento, mudamos as implicações da crença e o contexto (tempo, pessoas, ponto de vista e perspectiva).

   O: "O preço não está alto?".

   R: "Eu compreendo que o *investimento* possa parecer alto, mas, com a forma facilitada de pagamento, você verá que fez um excelente negócio.

4. Redefinição, *substitua uma palavra* utilizada na crença da objeção <u>por outra</u> com significado similar, mas com implicações diferentes.

   O: "O <u>preço</u> não está alto?".

   R: "O <u>investimento</u> que está fazendo é proporcional à qualidade e aos resultados".

5. Consequência, conduza a atenção para um efeito positivo ou negativo da crença.
O: "O preço não está alto?".
R: "Imagine o que seus amigos vão dizer quando aparecer com esse carrão".

6. Especificação (ou segmentação para baixo), busca-se desafiar ou mudar a relação sugerida pela crença, *dividindo o segmento em elementos menores*.
O: "O preço não está alto?".
R: "Entre as muitas características, benefícios e vantagens, qual ainda poderia gerar dúvidas sobre o valor do seu investimento?".

7. Generalização (ou segmentação para cima), busca-se desafiar ou mudar a relação sugerida pela *crença numa perspectiva mais geral*.
O: "O preço não está alto?".
R: "Você conhece no mercado outro produto que ofereça tantos benefícios com essa garantia e facilidade de pagamento?".

8. Contra-exemplo, *ilustrar por meio de um exemplo* uma situação na qual a crença não se aplica.
O: "O preço não está meio alto?".
R: "Você se lembra daquele produto similar que foi divulgado por um preço mais barato? Ele saiu do mercado, pois a qualidade de seus componentes deixava a desejar e desapontava os usuários".

9. Focando em outro objetivo, *muda-se o objetivo* para *desafiar a relação sugerida* pela crença.
O: "O preço não está alto?".
R: "Para dar-lhe o melhor, precisamos agregar o que existe de melhor, e isso acarreta um investimento maior para a sua satisfação".

10. Analogia, descobrir *uma relação análoga* (metáfora) com outras implicações que *desafiam a crença original*.
O: "O preço não está alto?".
R: "Um médico bem conceituado como o senhor estaria errado em agregar ao valor do investimento que seus pacientes fazem em tudo aquilo que faz a diferença entre o senhor e os demais profissionais, como o conforto de seu consultório, equipamentos de última geração e conhecimentos específicos de ponta que permitem a melhor recuperação deles?".

11. Aplicação pessoal, *avaliar a relação sugerida* pela crença sob uma perspectiva pessoal de quem fala.
O: "O preço não está alto?".
R: "Me dá arrepios pensar na quantidade de pessoas que pagam mais barato por um carro similar e correm riscos".

12. Intenção, *desafiar a intenção* sugerida pela crença.
O: "O preço não está alto?".
R: "Eu sei que fazer esse investimento demanda uma reorganização do orçamento para muitos, mas uma pequena pesquisa de mercado fará você ver que oferecemos o melhor custo e benefícios".

13. Meta-quadro, *transformar a crença num processo que está inserido num contexto* para que a pessoa possa estabelecer uma nova crença.
O: "O preço não está alto?".
R: "Eu compreendo a senhora estranhar o valor do investimento. É a primeira vez adquire esse serviço, não?

14. Hierarquia de Critérios.
O: "O preço não está alto?".
R: "Você não acha mais interessante saber que estará levando um produto confiável e durável, que não o deixará na mão?

**FORMULANDO SUA META DE VENDAS:**

**1.** A meta precisa ser formulada com base no que você quer, não no que não quer:
Ex. Minha meta é vender... X em um mês
**2.** Deve depender somente de você e não de outra pessoa:
Ex. Visitarei cinco clientes por dia.
**3.** Deve ser mensurável sensorialmente: o que você vai ver, ouvir e sentir?
Vou perceber satisfação no cliente e sairei de lá com um cheque e contrato assinado.
**4.** Deve ser contextualizada. Em que momento e com quem? Qual é o prazo para a sua realização? Dia, mês, ano...
Ao final desta semana terei ao menos três contratos assinados.
**5.** A meta preserva aspectos importantes da ecologia pessoal e do sistema. PESSOAL: "O que muda na minha vida com a realização desta meta?"
Eu crio uma carteira de clientes fidelizados e transformo não só a vida deles, mas a minha e a de minha família com resultados.
**6.** Tentadora! A meta deve ser muito atraente.
Todo ano tirarei um mês de férias na Europa e conhecerei novos lugares e culturas como um presente pelo meu sucesso.
**7.** Flexível. A flexibilidade é muito importante, pois, na prática, muitas vezes acontecem coisas que não dependem da gente e não poderemos seguir aquele percurso programado.
Quando houver objeções, entrarei em *rapport* com o cliente.
**8.** Que qualidades você tem que servirão de apoio para o êxito no alcance de sua meta?
Sou comunicativo e atento aos detalhes na comunicação com o cliente.

Tenha um diário e, pensando no seu contexto de venda e clientes, adapte o que está aqui escrito para a sua realidade. Antevendo reações de seus clientes e ensaiando essa comunicação, você treina seu sucesso!

**BIBLIOGRAFIA**:
Corvey,S. The Seven Habits of Highly Effective People. Franklin Corvey Co. UT, EUA.
Costa, E. 2005. Como garantir três vendas extras por dia. Ed. Elsevier, SP
Forsyth, P. 2005. Como obter êxito nas vendas por telefone. Ed. Planeta, SP.
Friedman,Grupo. 1997. Manual Pró-vendas . Grupo Friedman. RJ.
Harvey, C. 1992. Aprenda todas as estratégias de venda. Ed. Planeta, SP.
Machado, N. 2006. Vai vender – A Técnica da Sintonia Fina. Ed. Landscape, SP.
Tracy, B. 2006. O pensamento que faz vender. Landscape, SP.

## André Percia

Psicólogo clínico e hipnoterapeuta com formação internacional em Coaching. Practitioner, Master Trainer em PNL e MBA em Gestão Pela Qualidade na UFF. Ministra cursos e palestras no Brasil e no exterior.

**Site:** www.youtube.com/Andrepercia

**E-mail:** apercia@terra.com.br

# Anotações

# 5

# Venda de soluções
## A arte de gerar valor na negociação

Como criar valor extraordinário para os clientes? O que os clientes valorizam?

**Carlos Cruz**

Do ponto de vista técnico, pode-se dizer que valorizam uma organização que busca *feedback*, capaz de resolver seus problemas e atender às suas necessidades. Buscam também um líder e uma equipe de vendas com a capacidade de escutar e a coragem de desafiar o ambiente "tradicional de negócios", tudo para melhor atender aos seus anseios.

Afinal de contas, o que é valor do ponto de vista dos clientes? Valor é o que tem significado, podendo ser definido como o grau de benefício obtido e experiências vividas com um produto e serviço, somado à percepção dos clientes, e das demais partes interessadas, sobre o grau de satisfação de suas necessidades, considerando o preço, as características e atributos do produto, a facilidade de manutenção, de aquisição e de uso, ao longo de todo o seu ciclo de vida.

Sendo assim, o que tem significado para o cliente pode ser a assistência técnica, a agilidade, a disponibilidade de estoque, um contrato de fornecimento, a redução do custo, o prazo de pagamento, a pontualidade, o relacionamento, a flexibilidade na entrega, a customização, a padronização, a consultoria tecnológica, a performance, a lucratividade em potencial, dentre tantos outros.

A única forma de descobrir o que realmente tem valor é por meio do mapeamento deste atributo junto ao cliente em todos os momentos da venda, seja na primeira abordagem, na entrega ou ainda no pós-venda.

Philip Kotler, o guru do marketing, relembra o fato de que muitas organizações têm uma visão clara sobre o valor que gostariam de oferecer aos seus clientes, mas muitas vezes não o compreendem segundo suas perspectivas.

É nesse momento que deve entrar em cena o vendedor, com o objetivo de identificar os atributos de valor esperados pelo cliente. Para tanto, requer-se daquele uma atuação como verdadeiro "gestor de negócios" dos clientes, em contraposição a uma atuação simplista de mero "tirador de pedidos".

**Evolução em vendas**
**Grécia antiga:** durante muitos séculos, o vendedor foi o responsável pelo processo de troca entre as comunidades.

**Revolução Industrial:** devido à especialização da produção, surgiu a figura do vendedor que lida com a intermediação entre o comprador e o fornecedor. No início do século XX, ocorreu a popularização do caixeiro-viajante, com o foco na busca de novos mercados para os produtos produzidos.

**Anos 40 e 50:** devido à demanda dos clientes – cansados da pressão e da falta de preparo dos vendedores, que não tinham acesso às informações como temos hoje – ocorreu a profissionalização do vendedor, ocasião em que surgiu a era do *script* de vendas.

**Anos 70:** com a evolução da profissão, o vendedor passou a atuar como "solucionador" de problemas. Foi então que as habilidades de perguntar, ouvir e construir um relacionamento forte com o cliente começaram a ser valorizadas e essenciais para atuação dos vendedores.

**Momento atual:** ultrapassamos o segundo milênio e vivemos um momento no qual produtos semelhantes são vendidos por inúmeras empresas e a tecnologia torna as informações cada vez mais acessíveis e úteis. Atualmente, o mercado requer que o vendedor atue como "gestor de negócios", ou seja, como fonte de vantagem competitiva para a organização e para o cliente, sendo, para este, não só consultor, mas também estrategista para a empresa, colocando o foco na geração de valor.

### Venda de soluções

No passado, pouco se falava em venda de soluções, pois as relações comerciais eram transacionais, ou seja, o comprador valorizava o produto, focando no preço, na qualidade e em sua disponibilidade. Os bons negociadores se especializaram em fazer a necessidade se adequar ao produto. Fazer fluir a cadeia de suprimentos era a regra do jogo.

Em um momento posterior, os mercados se uniram e fizeram do mundo uma única cadeia comercial extremamente competitiva, repleta de produtos de excelente qualidade e preços adequados. Sendo assim, os clientes transferiram aos potenciais fornecedores, representados pelos seus vendedores, a responsabilidade de entender suas necessidades, gerenciar seu ciclo de compra, desenvolver soluções exclusivas, estabelecendo com eles uma relação quase individual.

Atualmente, o produto deixou de ser o centro das atenções, dando lugar ao relacionamento e ao entendimento das necessidades e às aspirações de longo prazo dos clientes, que farejam encontrar vendedores que apresentem soluções pessoais e intransferíveis.

### As seis etapas da venda de soluções
#### 1ª Etapa: Preparação

Na venda de soluções, a preparação é essencial para o sucesso da abordagem. Dessa forma, ao invés da preocupação em como simplesmente iniciar uma visita aos clientes, é necessário que o vendedor utilize seu tempo de maneira muito mais satisfatória, planejando perguntas e pesquisando a fundo o cliente em potencial.

#### 2ª Etapa: Abertura

Nessa etapa, o vendedor deve utilizar a abertura para estabelecer seu papel de "farejador" de informações. Para tanto, é preciso estabelecer quem é você e porque você está lá (sem dar detalhes do produto e/ou serviço), fazendo valer o direito de fazer perguntas.

Uma das falhas mais comuns é falar sobre as soluções e capacidades do produto cedo demais. Oferecer soluções logo de início gera objeções e reduz as chances de sucesso na visita. Não sinta que ofenderá os clientes passando logo aos negócios, e nunca se esqueça de que as aberturas não são a parte mais importante da visita, não sendo, portanto, necessário ficar mais do que 20% do tempo nessa etapa.

### 3ª Etapa: Investigação

Esta etapa estratégica e mais importante do ciclo tem como objetivo utilizar perguntas para detectar necessidades implícitas e desenvolvê-las em necessidades explícitas junto aos clientes.

Neil Rackham, autor do livro *Alcançando Excelência em Vendas SPIN Selling* (Ed. M. Books, 2008), que ajuda no processo de desenvolvimento de necessidades, criou o modelo SPIN®. São perguntas de: **S**ituação, **P**roblemas, **I**mplicação e **N**ecessidade de solução. Vejamos:

➢ **Perguntas de Situação:** utilizadas no início da visita de vendas, principalmente com novas contas, para conhecer o comprador e o negócio do cliente. Por exemplo: "Como funciona o processo de decisão? Você toma as decisões de compra? Qual é o seu volume anual de vendas? Está crescendo ou diminuindo? Qual é a sua demanda atual?".

➢ **Perguntas de Problemas:** utilizadas para investigar problemas, dificuldades e insatisfações. Por exemplo: "Quais dificuldades você encontra com o fornecedor atual? Como deveria ser entregue o produto/serviço prestado para aumentar os resultados do seu negócio? Quais as dificuldades que hoje você encontra com (...)?".

➢ **Perguntas de Implicação:** utilizadas na seqüência em que o cliente levanta um problema ou uma necessidade não atendidos, com a finalidade de investigar os efeitos e impactos destes. Por exemplo: "Que efeito isso tem no resultado? O que você deixa de ganhar? Isso poderia levar ao aumento de custos? Qual o impacto no seu negócio (...)?".

Lembre-se que implicação é a linguagem de quem toma decisões, e aquele que conseguir utilizar a linguagem do cliente, o influenciará melhor. Com isso, tornará o cliente mais incomodado com os problemas para, então, passar à próxima etapa.

➢ **d) Perguntas de Necessidade de solução:** são perguntas que questionam o valor ou a utilidade de se resolver um problema. Eis aqui alguns exemplos típicos: "Como isso ajudaria? Quais os benefícios que você vê? Por que é importante para você (...)?"

Essas perguntas focam a atenção do cliente na solução, e não no problema. Fazem o cliente dizer os benefícios esperados. Por exemplo, uma **pergunta de Necessidade de solução** como "De que forma você acha que uma máquina mais rápida o ajudaria?" poderia ter uma resposta como "Certamente ela eliminaria o gargalo na produção e usaria melhor o tempo do operador qualificado".

### 4ª Etapa: Apresentação da solução

Faça uma apresentação com os atributos de valor esperados pelo cliente e torne a proposta pessoal e intransferível. Renato Romeu, autor do livro *Vendas B2B: como negociar e vender em mercados complexos e competitivos* (Ed. Pearson, 2007) sugere que, para o cliente entender de forma sólida o valor de sua proposta, os seguintes espaços essenciais deverão ser preenchidos na mente dele:

➢ **Situação inicial:** seu cliente precisa perceber que você compreendeu claramente a situação vivenciada por ele;
➢ **Objetivos:** ele precisa entender que o que pretende alcançar, corrigir ou evitar também foi compreendido por você;
➢ **Metodologia:** é necessário que fique clara a abordagem, o plano, os produtos e os serviços usados para atingir o objetivo desejado;
➢ **Qualificação:** ele precisa ter evidências de sua capacidade para implementar a metodologia sugerida;
➢ **Custos:** ele precisa saber que o montante que terá de pagar dependerá diretamente da metodologia utilizada e da sua qualificação;
➢ **Benefícios:** ele também precisa saber quais benefícios receberá ao selecionar você, sua empresa e a abordagem proposta, optando pelos custos associados a essa escolha.

### 5ª Etapa: Obtenção do compromisso

Em uma venda simples, é possível ter um de dois resultados: um pedido, quando se consegue o negócio, ou uma recusa, quando o cliente diz um não final. Na maioria das forças de vendas de soluções, menos de 10% das visitas resultam em um pedido ou recusa. Portanto, o primeiro passo no fechamento bem-sucedido é estabelecer os objetivos certos e saber que nível de compromisso do cliente será necessário para que a venda se torne um sucesso. Pode ser que o próximo passo seja apresentar a solução à diretoria ou, até mesmo, fazer uma experiência.

### 6ª Etapa: Pré-venda da próxima venda

Não é porque o cliente comprou que ele ficará satisfeito, comprará novamente e ainda multiplicará sua experiência para seus contatos. As coisas não acontecem assim ou, infelizmente, não acontecem mais assim. Vender uma vez é fácil, o desafio é vender mais vezes e conseguir gerar indicações por meio deste cliente satisfeito. Uma das ações pode ser mapear a satisfação dos clientes com uma pergunta simples: "Em uma escala de 0 a 10, qual o seu nível de satisfação?" Em seguida, pode-se complementar a pergunta com: "Que dica nos daria para chegarmos em 10?".

**Carlos Cruz**

Com seu estilo dinâmico, prático, inspirador e motivador, está entre os conferencistas mais requisitados do país. Possui foco em resultados e coordenou integralmente treinamentos para mais de 20 mil pessoas. Como diretor do Instituto Brasileiro de Vendas (IBVendas), seu objetivo é a formação profissional de vendedores e gestores de vendas. Possui formação em Administração de Empresas, MBA em Gestão Empresarial pela FIA, formação em Dinâmica dos Grupos pela SBDG, Certificação Internacional em Coaching, Master Practitioner em Programação Neurolinguística e participou do Executive Development Programs com foco em Liderança e Mudança na Business School São Paulo. Coautor dos livros *Ser + Líder* e *Ser + em Vendas*.

**Sites:** www.carloscruz.com.br / www.ibvendas.com.br

**E-mail:** carlos@carloscruz.com.br

## Anotações

# 6

# Não ative o concorrente na memória do cliente

Há profissionais que usam o tempo disponível para falar continuamente do concorrente.
Qual o resultado? Acabam por ativar, na memória do cliente, o nome, a marca, os preços e os produtos do concorrente, oferecendo outra opção de compra. Ao contrário disso, o que impede você de valorizar os diferenciais da sua empresa? Descubra como praticar o exercício de "morder a língua" antes de pronunciar o nome de outro fornecedor e
não ativar o concorrente na memória do cliente. Vamos tentar?

## Dalmir Sant'Anna

# Dalmir Sant'Anna

Em diversos segmentos, o concorrente é encarado como um inimigo voraz, ou afrontado como um adversário imbatível. Na prática, o que faz um profissional de vendas pacificamente aceitar a perda de um negócio para outro fornecedor? Imagine como seria competir com concorrentes que praticassem semelhante missão organizacional, preço e legalidade fiscal? Como na prática não funciona assim, é necessário entender que, em um cenário cada vez mais competitivo, flexibilidade na negociação e envolvente abordagem são exigências essenciais.

Há um apresentador de televisão que insiste em dizer que o início do seu programa começa após o término de outro, transmitido pela emissora concorrente. Há profissionais que optam por usar o tempo disponível para falar continuamente de outra empresa. Durante uma campanha política, ao contrário de mostrar projetos, há candidatos que preferem direcionar significativo tempo para acusar seu opositor. Qual o resultado? Acabam por ativar, na memória do cliente, o nome, a marca e os produtos do concorrente. Ao contrário disso, o que os impede de valorizar com mais expressividade o *marketing* pessoal e as características da empresa? Parece incrível, mas há lojistas que são capazes de enumerar detalhes da última campanha publicitária do concorrente, mas desconhecem a missão, a visão e os valores da empresa em que atuam.

É interessante observar que, ao contrário de enaltecer o próprio produto e as particularidades da empresa, há profissionais que optam por falar mais sobre a concorrência e abandonam a arte de revelar valores e diferenciais competitivos. Recordo-me de que, em certa ocasião, estava realizando a compra de um determinado produto em uma loja de materiais de construção. Observei o proprietário reclamar, de maneira triste, para um representante comercial, que o fornecedor enviou o dobro da quantidade de mercadoria solicitada. Qual foi a atuação desse representante? O que você imagina que aconteceu?

Ao contrário de passar tranquilidade e uma solução coerente ao cliente, o vendedor falou negativamente da própria empresa. Eu fiquei impressionado! O representante, em alto tom, alegou: "Naquela empresa trabalham pessoas desqualificadas, despreparadas e incompetentes. Lá somente fazem coisas erradas". Perceba que o representante comercial afastou a responsabilidade do fato ocorrido, demonstrou não fazer parte da empresa e mostrou que joga nitidamente contra o próprio time, além de não demonstrar nenhum grau de comprometimento. Agora faça a seguinte reflexão: se na empresa em que esse representante comercial atua somente trabalham pessoas ruins, com perfil de incompetência, quem é essa pessoa?

No meu livro *Menos Pode Ser Mais* (2010, p. 79), apresento que "vender é uma arte que necessita ser bem conduzida desde os primeiros contatos, e o profissional de vendas precisa transmitir ao cliente a satisfação no que está fazendo. É importante que todo atendimento seja feito com mais mel e menos fel, ou seja, há plena necessidade de se buscar o controle emocional e o alto-astral para fortalecimento dos vínculos comerciais que direcionam a negociação para o fechamento das vendas, com o compromisso de prometer menos e fazer mais". Mas como fazer isso em um ambiente competitivo?

Um dos diferenciais de uma empresa está em maximizar as informações sobre seu produto e seus serviços, com o objetivo de fortalecer as argumentações durante o processo de venda e atendimento. Quanto maior o conhecimento sobre sua linha de atuação, menor a possibilidade de mencionar seu concorrente, pois você contará com sólidas argumentações para envolver o cliente. Outro diferencial está em descobrir novas técnicas para observar como o adversário trabalha e aprimorar seu plano de negócios. A análise das ameaças e oportunidades pode ser útil ao se constatarem erros de logística, ausência de qualificação e posicionamento de mercado do seu concorrente.

Em seus estudos, Michael Porter (2004) enfatiza que a estratégia competitiva envolve o posicionamento de um negócio, de modo a maximizar o valor das características que o distinguem de seus concorrentes. Em consequência, um aspecto central da formulação da estratégia é a analise detalhada da concorrência, com o objetivo de desenvolver um perfil da natureza e do sucesso das prováveis mudanças estratégicas que cada concorrente possa vir a adotar. Que tal começar a perceber pontos negativos da concorrência e intensificar o processo industrial, comercial ou a logística de entrega?

Quando apresento palestras para profissionais de vendas, incentivo a importantes reflexões de que não adianta apenas os principais executivos tomarem conhecimento sobre as estratégias competitivas da organização. Todos os funcionários precisam remar juntos na mesma direção, em sincronismo, com comprometimento, dedicação, paixão e competência em direção aos objetivos propostos, que devem ser disseminados para transformar-se em uma meta coletiva. O motorista de uma empresa, por exemplo, pode obter inúmeras informações sobre o seu concorrente, as quais, em muitas situações, a equipe comercial não conseguiria pessoalmente ou por telefone. Ao realizar a entrega de um produto, um motorista treinado passa a ser capaz de observar o estoque dos produtos, o tipo de embalagens, os sistemas de armazenamento, além de visualizar quem são os principais fornecedores. O interessante é que, ao conversar com os funcionários, o motorista consegue colher informações para contribuir na gestão de negócios. Pergunto: você está ouvindo as pessoas que mantêm contato com o seu cliente? Há quanto tempo você não realiza uma reunião para ouvir seus motoristas? Acredite que os motoristas da sua empresa podem conseguir importantes informações sobre seu cliente e também ajudar você a perceber dados sobre seus concorrentes.

Aprendi importantes lições quando fui convidado para apresentar palestras aos jogadores da seleção brasileira de futsal. Algo que despertou a minha atenção foi a ação dos atletas ao assistirem aos jogos dos concorrentes. Todos, com olhares atentos, são direcionados para perceber detalhes de cruzamento, controle da bola, dribles e jogadas ensaiadas. Em seguida, todos os jogadores e a comissão técnica realizam discussões e debates para avaliar pontos negativos e as ações que o time adversário ensinou. Durante minha permanência na concentração com os jogadores, revelo que aprendi muito sobre disciplina, organização, respeito e também a quantidade de lições que um concorrente pode ensinar.

Mas como conquistar algo semelhante na sua empresa? Como tornar seu time mais competitivo diante da concorrência? Primeiro, deve haver o entendimento de que implantar qualquer estratégia é um desafio. Em seguida, a clareza de onde se deseja chegar e o que se espera da equipe. O terceiro fator é o monitoramento das informações transmitidas e a capacidade de ouvir o que a equipe tem a contribuir. Gary Hamel (2009, p. 93) ensina que "as metas da administração são em geral descritas com palavras como eficiência, vantagem, valor, superioridade, foco e diferenciação. Por mais importantes que sejam, falta-lhes o poder de despertar os corações humanos".

Acredito que, ao contrário de demonstrar fraquezas, você pode demonstrar sua capacidade de superação e reverter uma situação negativa em positiva. Você pode retirar lições preciosas de erros cometidos e valorizar, ainda mais, o seu poder de argumentação e a sua capacidade de expandir conhecimentos, além de intensificar ingredientes para superar as objeções. Ao contrário de aceitar ser surpreendido pela concorrência para posteriormente inverter uma situação, é coerente reunir a equipe e mostrar que nem todo concorrente é um inimigo voraz, mas alguns são competidores. Que tal esse desafio? Procure falar mais da sua empresa, valorizar o seu negócio de atuação e praticar o exercício de "morder a língua" antes de pronunciar o nome do concorrente. Sua equipe está pronta para não ativar o concorrente na memória do cliente? Vamos tentar? Busque superar desafios com a oportunidade de descobrir novos horizontes, lembrando os ensinamentos do escritor francês André Gide, o qual afirma que "Não podemos descobrir novos oceanos enquanto não existir a coragem de perder de vista a terra firme".

**Referências**

HAMEL, Gary. Moon Shots for Management. **Harvard Business Review**. February, 2009.
PORTER, Michael. **Estratégia Competitiva**: técnicas para análise de indústrias e da concorrência. 2ª ed. Rio de Janeiro: Elsevier, 2004.
SANT'ANNA, Dalmir. **Menos pode ser Mais**. 4ª ed. Blumenau: Odorizzi, 2010.

**Dalmir Sant'Anna**

Palestrante comportamental, convidado para apresentar palestras em convenções de vendas, seminários e congressos nacionais e internacionais, com conteúdo direcionado para o desenvolvimento de pessoas. Apresenta abordagem funcionalista com forte referencial teórico e prático sobre vendas, comprometimento, cooperação, liderança e gestão de negócios. No portfólio de clientes estão conceituadas organizações, associações, instituições financeiras, cooperativas e universidades. Oferece uma palestra diferenciada, com conteúdo capaz de gerar reflexões para contribuir de maneira prática e funcional. Mestrando em Administração de Empresas, pós-graduado em Gestão de Pessoas, bacharel em Comunicação Social e mágico profissional. Escreve regularmente como colunista em conceituadas revistas, *sites* e jornais. Foi premiado pelo SBT com o troféu "Palestrante Destaque Empreendedor" e recebeu da Record News o troféu "Orgulho Brasileiro". Autor dos livros "Oportunidades" e "Menos pode ser Mais" (4ª edição) e do DVD com o tema "Comprometimento como fator de Diferenciação". Palestrante Mágico® aprovado com selo de qualidade WEC.

*Site*: www.dalmir.com.br

*E-mail*: dalmir@dalmir.com.br

**Telefones**: (11) 8536.0065 – (47) 3347.1530

## Anotações

# 7

# O novo perfil do vendedor

Há pessoas que acreditam que qualquer um pode ser vendedor. O certo é que qualquer um pode "estar" vendedor, mas "ser" vendedor é outra coisa muito diferente!

**Dario Amorim**

# Dario Amorim

Desejo iniciar este artigo com uma provocação, aliás, na realidade, o que desejo é provocar em você, caro (a) amigo (a) leitor (a), uma reflexão, então, vamos a ela:
Vamos fazer um exercício de raciocínio.

Quantas vezes você já deixou de fazer uma compra porque o vendedor não o deu a atenção devida ou insistia em empurrar um produto ou serviço mais caro?

Eu mesmo respondo e tenho certeza de que minha resposta não será diferente da sua: "Dezenas de vezes, com certeza".

Embora nossa profissão tenha evoluído muito nos últimos anos, a figura do vendedor despreparado ainda é frequente, principalmente nos produtos, serviços e mercados mais populares.

Isto pode mudar? Claro que sim.

O maior erro cometido pelas empresas, ainda hoje, está no fato de que elas contratam pessoas que estão vendedoras e não são vendedoras.

Calma... Eu explico:

"Estar vendedor" significar estar passando um tempo em vendas até que alguma oportunidade melhor apareça. O pensamento desta pessoa é: estou vendedor sem o compromisso de ser vendedor.

Agora, "ser vendedor" implica encarar vendas como uma profissão. Profissão esta que exige capacitação e atualização constantes.

Outro problema está no fato dos líderes de vendas terem dificuldade para montar as suas equipes, afinal, encontrar profissionais disponíveis e com o perfil adequado é difícil. Esta dificuldade está intimamente ligada ao fato de que é necessário adequar o perfil do vendedor a ser contratado ao do mercado onde irá trabalhar, porém, algumas características são comuns para todos e as descrevo abaixo.

Portanto, caro líder, caso você as adote, terá grandes chances de formar uma equipe campeã e, você, caro (a) amigo (a) leitor (a), se quiser ser o vendedor (a) que todas as empresas buscam, preste atenção no que vem a seguir.

Todas as vezes que tentamos descrever as características do bom vendedor e, portanto, traçar o PERFIL IDEAL DO BOM PROFISSIONAL DE VENDAS, acabamos enrolados em mais de uma centena de qualidades e qualificações. Por fim, somos obrigados a concluir que só um super-herói pode ser realmente bom profissional de vendas.

Se você já tentou registrar as INDISPENSÁVEIS características desse profissional, eu tenho um conselho: "Consulte o Aurélio". Isso facilitará enormemente o trabalho. Vá de "A" a "Z" e, depois de longa pesquisa, concluirá que terá de registrar desde: _abafador_ (capacidade de abafar o mau humor do cliente), até _zunir_ (capacidade de produzir um assobio sibilante, logo após o cliente furioso despachar você aos berros).

O que estou querendo dizer é que se trata de um exercício complicado e de resultados, no mínimo, discutíveis. Em vista disso, vou registrar apenas algumas dessas características, a meu ver, as cinco mais importantes para que uma pessoa não só seja uma ótima profissional de vendas, mas tenha também, como resultado final de seu esforço, um maravilhoso futuro nesta que é uma das maiores e mais antigas profissões que existem. São elas:

### 1. Gostar de vendas

É absolutamente indispensável e básico e não coloco essa característica em primeiro lugar por acaso, mas porque sem ela nada mais será possível. Afirmo isso pela simples e única razão de que só conseguimos evoluir e fazer cada vez melhor aquilo que, de fato, gostamos de fazer. Quem não gosta de vender jamais aprenderá a fazê-lo. Isso não é verdadeiro apenas para vendas, mas para tudo na vida.

Uma pessoa que não gosta de dirigir automóveis, por exemplo, mas é obrigada a isso, jamais conseguirá dirigir bem, isto é, jamais se motivará a aprender a fazê-lo melhor.

### 2. Estudar a profissão

Quem não gosta de vender não estuda a profissão porque não consegue se interessar pelos assuntos inerentes a ela e, muito menos, se concentrar neles e, consequentemente, não consegue aprender. Para esta pessoa, estudar será, sempre, um enorme sacrifício. Isso é verdadeiro em todas as profissões, mas no caso de vendas fica ainda mais claro, pois todo aquele que se vê obrigado a "estar" vendedor só tem a prática, que ensina coisas boas, mas que também ensina muitos vícios nocivos ao bom exercício da profissão.

Não é absolutamente possível ser vendedor competente e com um futuro brilhante sem o estudo meticuloso do que é "ser" vendedor.

### 3. Disciplina

Não há profissional de sucesso, em qualquer profissão, que não tenha a disciplina como característica de vida. Para exemplificar, registramos alguns nomes de esportistas brasileiros vitoriosos: Guga, Senna, Oscar, Pelé etc.

Todos somam, ou somaram ao longo de suas vidas, duas "coisas" básicas: talento e disciplina. Resultado? São constantemente lembrados como modelos de campeões.

Voltemos ao item primeiro: só é disciplinado quem faz aquilo de que gosta. Em vendas é preciso ser rigoroso consigo mesmo, e, portanto, totalmente disciplinado em no mínimo duas questões:

1ª. No uso do tempo;
2ª. Na administração dos sucessos e insucessos do dia a dia.

### 4. Código de valores/ética

Comprar é um ato de confiança. Só compramos de pessoas nas quais confiamos. Sua primeira preocupação ao comprar é a confiança. Quando se sente inseguro e desconfiando do vendedor que o está atendendo, você não compra. Com nosso cliente não é diferente.

Só conseguimos conquistar a confiança do cliente e, posteriormente, o sucesso em nossa profissão, quando temos um código de ética ao qual nos submetemos por toda a vida.

Mentir para o cliente (a velha história de prometer e não cumprir) para obter um pedido é o pior procedimento que se pode ter. Isso é suicídio pessoal e profissional.

### 5. Sensibilidade

É preciso escutar além do que o cliente diz e perceber mais do que os olhos veem. É preciso saber "ler" reações fisionômicas e perceber mudanças de posturas e atitudes. É preciso "ouvir os silêncios" e "ver os escondidos" de cada situação.

Isso só é possível desenvolvendo a capacidade de observação e, principalmente, de percepção/sensibilidade, pois quando o cliente diz alguma coisa é preciso ouvir mais "_como_" ele disse do que "_o que_" ele disse.

Há dois momentos cruciais no ato da venda em que a sensibilidade é fundamental:

a) Na abertura – quando temos que ver e ouvir tudo, decidir falar ou não falar, perguntar ou não perguntar; enfim, absolutamente tudo;

b) No fechamento – quando temos que saber o momento exato de "fechar", pois passado esse momento, a conquista do resultado fica mais difícil.

Aí estão apenas cinco aspectos do perfil de um bom profissional de vendas. Sabe quantos ficaram de fora? Ninguém sabe. Só para registro, porém, vamos citar os seguintes:

- Adaptabilidade; apresentação física; bom humor; bom senso; bons hábitos; capacidade de aprender rapidamente; comunicabilidade; conhecimento específico (produtos, mercado, concorrentes, clientes etc); cultura geral; curiosidade; determinação; domínio de, no mínimo, dois idiomas; empatia; habilidade para resolver conflitos; informatização; motivação; paciência; boa saúde física e mental; ser ótimo ouvinte; ter velocidade de raciocínio.

Não fica parecido com um super-herói?

E ainda há pessoas que acreditam que qualquer um pode ser vendedor! O certo é que qualquer um pode "estar" vendedor, mas "ser" é outra coisa muito diferente!

Como a esperança é e sempre será a última que morre, tenho muita esperança de que um dia todas as pessoas que vivem desta atividade, homens ou mulheres, novos ou da melhor idade, enfim, todos os vendedores encarem Vendas como uma grande profissão e, a partir daí, façam por merecer a referência dada pelo mercado, para aqueles que merecem, de serem profissionais de Vendas.

Para você, amigo (a) profissional de Vendas, uma mensagem:
**Acredite... você nasceu para ter sucesso e ser feliz!**
**Você nasceu para vencer!**

**Dario Amorim**

Consultor empresarial, profissional de treinamento e palestrante especializado em Liderança, Vendas, Planejamento, Comunicação e Motivação de Profissionais e Equipes de Alta *Performance*. Além de levar seu conhecimento a mais de 500.000 pessoas que já o assistiram em todas as regiões do Brasil, Amorim assinou a coluna *"Encontro com o Sucesso"*, na Rádio São Francisco Sat (RS), foi apresentador do programa *"Encontro com o Sucesso"*, na Rádio Mundial FM (SP) e participou de diversas matérias como consultor convidado para a Revista *Vencer!* (SP), Revista e Portal *O Vendedor Profissional* (SP), Revista e Site *Amanhã* (RS) e para o *Jornal do Comércio* (RS). É Diretor Executivo do IDA – Brasil Educação Corporativa. Escritor, tem seus artigos publicados em vários portais de motivação e vendas. Escreveu também os livros *"Profissão: Vendedor"*, com edição esgotada, e *"51 Dicas para a Conquista da Automotivação"* (2005). Coautor dos livros *"Ser + com PNL"*, *"Ser + com T&D"* e *"Ser + em Vendas"* (2ªed.) – editora Ser Mais.

**Site**: www.darioamorim.com.br

**E-mail**: amorim@darioamorim.com.br

**Telefone:** (54) 3221-8731

## Anotações

# 8

# Cinco estratégias de valor para vender mais caro do que seus concorrentes

Existem pelo menos cinco níveis de valor que, se bem explorados pelo vendedor em sua apresentação e por sua empresa na estratégia, podem proporcionar maior impacto na percepção de valor do produto, gerando negociações harmoniosas e produtivas e um relacionamento contínuo pautado na confiança do cliente com o vendedor e com a empresa

**Diego Berro**

Há uma tendência generalizada da comoditização de bens e serviços que hoje são facilmente modelados pela concorrência. Por este motivo, é necessário adicionar elementos que tornem suas ofertas mais vantajosas para os clientes.

Para isso, é importante entender que para vender mais, você precisa dar ênfase aos benefícios e vantagens do produto para se diferenciar dos concorrentes e ter maior poder durante a negociação, gerando maior motivação de compra no cliente.

Afinal, é importante comunicar com ênfase aos clientes as características de seu produto que sejam diferenciadas dos concorrentes, tais quais: qualidade, tamanho, cor, condições de pagamento, embalagem, formato, preço, tecnologia e demais atributos de produto que realmente sejam exclusivos. No entanto, para que tudo isso gere resultados em vendas é importante transmitir o que essas características podem fazer para atender às necessidades específicas do cliente.

Vamos entender melhor...

**Características** são descrições das particularidades de um produto ou serviço. Os atributos são quaisquer características físicas do produto.

As **vantagens** são descrições da utilidade dessas características.

E finalmente, **benefícios** são as descrições que mostram, especificamente, como as características ou vantagens do produto podem satisfazer uma necessidade declarada pelo cliente.

Partimos da ideia de que até este momento da negociação você já tenha feito perguntas para identificar o critério ou fator motivador que leva o cliente a comprar.

Com estas informações em mãos, devemos transformar características e vantagens em benefícios para o cliente, para isso é necessário mostrar como exatamente esses atributos e vantagens do produto podem atender exatamente às necessidades manifestadas pelo cliente.

É importante considerarmos que os clientes muitas vezes não possuem informações suficientes para traduzir as informações técnicas ou atributos do produto de forma a interpretar realmente os benefícios de sua utilização.

**Importante**: se o benefício é mais alto do que o custo, o cliente percebe valor.

**Verdade**: é o cliente quem determina o valor, não o produto.

Aí entra o papel de vendedor: adicionar valor de forma que o cliente perceba este valor e que o considere maior do que aquele que ele percebeu no produto e na apresentação do concorrente.

Mas como podemos fazer isso, já que ficou claro até aqui que há uma diferença muito grande entre criar valor e comunicar valor?

Primeiro precisamos entender que se o cliente percebeu mais valor pela concorrência e está sinalizando essa preferência, nós temos que agregar mais valor na negociação. Para isso podemos utilizar a **Ferramenta do Diferencial Positivo**.

Pergunte ao cliente qual o motivo dele estar sinalizando a preferência pela concorrência. Ao descobrir o critério, iguale as vantagens e os benefícios de seu produto com os de seu concorrente, mostrando como o seu pode igualmente atender às necessidades do cliente. Em seguida, adicione outros benefícios de forma a diferenciar seu produto, fazendo a balança de avaliação do cliente pesar mais para o seu lado.

Existem várias possibilidades de gerar valor em uma negociação para fugir da guerra de preços e despertar a motivação de compra no cliente. Podemos dar maior ênfase aos valores de diferenciação do produto, ao valor dos serviços adicionais, ao valor do atendimento, ao valor da negociação do vendedor, ao valor do relacionamento e ao valor da imagem de marca, por exemplo.

Existem pelo menos cinco níveis de valor que, se bem explorados pelo vendedor em sua apresentação e por sua empresa na estratégia, podem proporcionar maior impacto na percepção de valor do produto, gerando negociações harmoniosas e produtivas e um relacionamento contínuo pautado na confiança do cliente com o vendedor e com a empresa.

**Cinco estratégias de valor para vender mais caro do que seus concorrentes - Principais Níveis de Geração de Valor**

**Nível E**. A solução básica. Entregue ao cliente aquilo que ele realmente necessita e deseja. Para isso é importante ouvi-lo e desenvolver perguntas inteligentes para identificar suas necessidades. O vendedor não deve direcionar suas energias para tentar criar necessidades neles, mas sim descobrir descobri-las e satisfazê-las. Parece óbvio? É óbvio. No entanto, muitos vendedores ainda estão naquela de persuadir e convencer...

**Nível D.** Rapidez, confiança, informação e atenção. Atenda à necessidade do cliente no menor tempo possível por meio de um atendimento que transmita a ele segurança e atenção exclusiva.

**Nível C.** Suporte, marca, segurança e recompensa. Transmita a imagem de sua empresa com argumentos e atitudes que correspondam aos valores de sua organização. Use e abuse de referências e demonstração de resultados para proporcionar segurança ao cliente em negociar com você e com sua empresa.

**Nível B.** Ambiente, inovação, autoestima, personalização e especialização. Demonstre confiança pelo conhecimento profundo de seu produto, do mercado e da concorrência. Personalize o atendimento e, se possível, o produto às necessidades e características do cliente.

**Nível A.** Prestígio, escassez e exclusividade. Esses pontos são percebidos após o cuidado e a atenção de todos os pontos acima. Capacidade de atendimento, cortesia, presteza e simpatia contribuem para uma boa percepção do cliente quanto ao produto e sua empresa. Seja criativo para demonstrar o quanto as características, vantagens e benefícios de seu produto são exclusivas, raras e disponíveis em poucas quantidade ou por um tempo limitado. A Lei da Escassez é uma das mais eficazes estratégias de influência.

De qualquer forma, é válido lembrar mais uma vez que criar valor é diferente de comunicar valor, por este motivo é importante dirigir seus argumentos de forma que a comunicação encontre espaço especial no coração e na mente do cliente, para que ele perceba um atendimento diferenciado e direcionado às suas necessidades.

Todavia, a postura e as atitudes do vendedor durante a negociação são fundamentais para que a percepção seja positiva. Há pessoas que acreditam que o preço é o mais importante, por isso há sempre uma guerra dos clientes pedindo descontos e dos vendedores e representantes concedendo descontos descriteriosamente.

O resumo disso tudo é simples: se seu cliente só busca preço baixo e descontos na negociação, você, vendedor, não teve flexibilidade suficiente para demonstrar o quão valioso é o seu produto e o quanto ele pode atender às necessidades do cliente.

Ficou preocupado? É para ficar mesmo. A boa notícia é que essa preocupação poderá fazer você desenvolver essas novas habilidades, e poderá proporcionar como consequência o maior número de atendimento convertido em vendas. Difícil? Não. Trabalhoso? Talvez. E alguém disse que ser um vendedor de destaque é fácil? Recompensador todos sabemos que é.

Boas vendas e até a próxima.

**Diego Berro**

Palestrante de vendas. Graduado pela Escola Brasileira de Administração Pública e de Empresas da Fundação Getúlio Vargas no Rio de Janeiro. Possui MBA Executivo em Marketing e Vendas também pela FGV. Master Practitioner em Programação Neurolinguística. É coautor dos livros "Os 30 + em Motivação no Brasil" e "Ser Mais em Vendas - Volume 1".
É vendedor e passou na prática por todas as etapas das vendas: porta a porta, comércio, corporativo e liderança de equipes de vendas. Entre seus clientes estão universidades como: USP, UFSCar, UFSM e Instituto Federal Catarinense, além de empresas como: Ambev, Votorantim, Schincariol, Correios, Cargill, Jonh Deere, Canon, Café Iguaçú, Brookfield Incorporações, além das mais diversas entidades comerciais e públicas em todo Brasil.
Está entre os mais contratados palestrantes do Brasil para ministrar palestras, workshops ou treinamentos em convenções de vendas e encontros com equipes comerciais.

**Site**:www.palestrantedevendas.com.br
**E-mail:** contato@diegoberro.com.br
**twitter**: www.twitter.com/diegoberro

## Anotações

# 9

# A magia das vendas

As pessoas não compram coisas, mas sim
realizações de seus sonhos

**Edemilton Pozza**

## Edemilton Pozza

Olá, caros amigos leitores. Pensei em diversas formas de expressar aqui a tão falada magia das vendas, então nada mais interessante do que relatar uma experiência minha e que fará cada um refletir sobre o atendimento e a conclusão dessa venda. Vamos à história:

Fui representante comercial por oito anos e viajava muito, trocava de carro sempre, afinal, em um ano chegava a rodar cerca de 100.000 km e isso exigia que sempre estivesse com um carro bom. Um belo dia vi pela primeira vez um determinado carro de uma marca japonesa e fiquei encantado, mas o que fazer? Nada, apenas admirar, afinal ele custava muito caro.

Um dia, passando por Maringá, deparei-me com a revenda deste carro. Parei o carro do outro lado da avenida e atravessei a pé para ver de perto. Olhei de fora e quando me aproximei para vê-lo, a porta automática abriu, fiquei com cara de bobo e todos me olhando. Entrei, lembro-me de que vestia bermuda, camiseta, tênis e boné. Estava à vontade, pois estava a passeio, na revenda estavam uns sete a oito vendedores, quando eu entrei na empresa todos vieram ao meu encontro e eu pensei:

- Ah, isso que é atendimento!

Mas logo todos passaram por mim como se fosse invisível, as luzes apagaram, era hora do almoço. Prestes a sair, ouvi uma voz feminina que me disse:

- Olá, em que posso ser útil?

Eu me virei e percebi que se tratava de uma vendedora muito elegante e simpática, então respondi:

- Nada, só estava dando uma olhada no carro!

Então me perguntou:

- O senhor já o conhece por dentro?

Respondi:

- Não, só pela televisão.

Ela abriu a porta e pediu que eu sentasse, mandou que sentisse o volante em minhas mãos, o couro dos bancos. Pediu que eu funcionasse o motor e ouvisse a sinfonia que vinha da frente do veículo, meus olhos se encheram de lágrimas de emoção. Ela então me convidou para sair, abriu o capô dianteiro e me mostrou o motor, abriu o porta-malas e todo seu espaço, até o momento fatal do dia:

- O senhor já experimentou o carro?

Disse-me olhando nos olhos.

- Se eu já o dirigi? Não, nunca!

Então continuou:

- O senhor prefere câmbio manual ou automático, couro ou tecido?

Respondi:

- Couro e câmbio manual.

Ela pegou o telefone, comunicou-se com alguém da empresa e

pediu que trouxessem um exemplar daquele veículo para *test drive*. Nossa, não me contive, meu sorriso abriu de orelha a orelha, e lá chegou ele, preto, fantástico. Conduziu-me à direção, entrei, sentei, regulei bancos e direção, saímos para experimentar. Abri todos os vidros, pois torcia para que alguém da minha cidade me visse ali dentro daquela máquina, mas não encontrei um só amigo. Enquanto curtia o carro, ela me falava sobre a mecânica, torque, consumo, segurança e pincelava tudo o que aquela máquina tinha. Também me perguntou se tinha esposa e filhos, respondi que sim, então falou:

- Imagine... Você, a sua esposa e os seus filhos indo para a praia no final do ano com esse carro, silêncio total, porque não se escuta o motor, os meninos assistindo a um filme no DVD, o senhor e a sua esposa curtindo o visual da estrada e conversando, já que os meninos estarão ocupados. Ah, viagem para praia é tudo de bom, não é?

Eu respondia afirmativamente com a cabeça e ela continuou:

- Mas senhor Edemilton, mesmo com tudo o que esse veículo possui ele não nos livra de um acidente, não é? Para isso, possui *air bags* que vão proteger o senhor e toda sua família e ainda mais, caso isso aconteça nós garantimos todo o transporte do senhor e da sua família até a sua residência, além de deixar um carro reserva até que o seguro entregue o novo ou seja arrumado.

Fiquei maravilhado, retornamos então à concessionária e a vida voltaria ao normal em segundos.

Quando chegamos à revenda, todos haviam ido almoçar e percebi que só ela estava ali me atendendo. Nossa, fiquei até mal, afinal, não iria comprar o veículo e havia feito ela perder todo o seu almoço.

Ao desligar o carro e descer, convidou-me para tomarmos um café. Observem que até o momento ela não citou ou comentou sobre o preço do carro, passou o tempo aumentando o valor percebido dele, nos preparou um delicioso *cappuccino* e me convidou para acompanhá-la até a sua mesa. Caminhamos por toda a revenda, a mesa dela era a última, me convidou para sentar, abriu sua gaveta e tirou um *folder* que fazia jus ao carro, lindo, só o catálogo já compensava estar ali. Nisso tudo já fazia quase uma hora, então fez a pergunta que eu temia:

- Senhor Edemilton, quando "gostaria" de estar com esse carro na sua garagem?

Respondi:

- Gostaria que fosse agora, mas não tenho condições de comprá-lo, é muito caro!

Sem alterar ou mudar a sua expressão, abriu um sorriso e disse:

- Como não? Observei que o senhor chegou naquele veículo lá do outro lado da avenida, certo?

Nossa, a avenida trata-se de duas mãos com quatro pistas cada

e ela conseguiu ver lá do outro lado eu estacionando meu carro, que parei lá apenas para não fazer um retorno e já ficar no sentido de pegar a saída da cidade para que eu pudesse vir embora, mas eu disse:
- Sim, é meu!
Ela sorriu e disse:
- Então, posso pedir para avaliá-lo?
Concordei e ela pediu para um perito da revenda buscar meu carro, experimentar e avaliar. Na época, meu carro no valor de mercado girava em torno de R$ 30.000,00, logo veio o perito com a avaliação em mãos e ela me falou:
- Senhor, o perito elogiou o seu carro e disse que o mesmo é *super* conservado, tenho aqui uma avaliação de mercado que o avalia em torno de R$ 30.000,00, mas pago nele R$ 35.000,00, certo?
Nossa, nunca havia visto aquilo, geralmente os avaliadores os preços lá embaixo, e o valor é sempre 10 a 15% menor que as tabelas. Eu já fiquei feliz, primeiro porque elogiou meu carro e segundo porque o valorizou na troca. Mesmo assim, a diferença era grande. Ela continuou:
- Viu como não está distante para o senhor este veículo? O que ele representa hoje?
Respondi:
- A realização de um sonho!
Então falou:
- Quanto vale realizar um sonho? Observe que o senhor tem metade do valor do carro, faltam "apenas" R$ 35.000,00!
Nossa, "apenas" foi demais para mim, não tinha nem perto desse valor e ela me perguntou:
- R$ 35.000,00 hoje é muito dinheiro para o senhor?
Eu respondi afirmativamente com a cabeça e ela continuou:
- Mas e pagar R$ 530,00 hoje é impossível?
Eu respondi que não, afinal R$ 530,00 era uma quantia relativamente baixa perto do que eu faturava. E ela falou:
- Ótimo, eu tenho aqui em minhas mãos um consórcio com uma carta de crédito de R$ 35.000,00, o senhor vai pagar R$ 530,00 por mês, fica com o seu carro e o dia em que for contemplado eu garanto, através de um documento assinado, a compra do seu carro pelo valor previamente acertado. Imagine agora, que dia seria legal o senhor receber o seu carro novo?
Eu respondi:
- Ah, eu gostaria de estar com ele no meu aniversário!
Estávamos em abril e meu aniversário seria em dezembro, imaginei que se eu tivesse sorte seria contemplado antes e quem sabe passaria de carro zero. Bem, não preciso falar que ela me convenceu e comprei o consórcio.
Ela anotou na sua agenda o dia do meu aniversário e me disse:
- Senhor Edemilton, ligarei quando for contemplado!
Saí dali realizado só de pensar que meu sonho era uma meta.

Isso mesmo, vamos definir sonho e meta:

SONHO – tudo aquilo que eu quero ter, mas não sei conseguir, fico só na imaginação, mas sem ação.

META – ela precisa, para existir, de três coisas: o que eu quero, quando eu quero e como eu vou fazer para conquistar.

Naquele momento eu saí de lá com uma meta, sabia que um dia, uma hora qualquer, estaria andando com aquele carro.

Chegou então meu aniversário, dia 1 de dezembro de 2008, acordei tranquilo, recebi os parabéns da minha esposa e dos meus filhos. Eu morava numa sobreloja, me troquei e saí para tirar o carro da garagem, quando abro a porta de casa eis a minha surpresa: estava parado em frente ao meu portão um caminhão plataforma e em cima dele "o carro" com um enorme laço vermelho e ao lado do caminhão ela, a vendedora! Que me disse:

- Parabéns, vim entregar o seu presente!

Desceu então aquela "nave", colocou meu bom e velho companheiro em cima, me deu os parabéns, assinei os documentos e na nota de emissão do carro estava a data 01.12.2008, meu sonho justamente realizado no dia do meu aniversário.

Quando entrei nele e segurei naquele volante, não contive as lágrimas, para mim não era o carro, mas sim o sabor de conquistar aquilo, de realizar aquele sonho.

Bem, disso tudo eu tiro a lição de que todos nós somos capazes de nos realizarmos. Há exatamente 13 anos era frentista de posto, trabalhava 12 horas por dia, lavando carros, polindo, abastecendo e cuidando dos veículos dos outros, sonhava em ter aqueles carros, aquela vida, trabalhava feito louco e mal sustentava minha família. Um dia decidi mudar, voltei a estudar, aprendi sobre atendimento e a sua magia, descobri que ele tem uma força sobrenatural, fiz duas faculdades, três pós-graduações, fui convidado por um cliente do posto, dono de um laboratório para me tornar vendedor, por oito anos defendi o nome daquela empresa. A experiência que ela me deu foi fantástica, tornei-me professor em quatro faculdades e em uma pósgraduação. Atualmente ministro palestras e levo às pessoas a importância de atender de forma única, o que a Joyce da revenda Honda fez ao valorizar meu carro e me mostrar que eu era, sim, capaz de realizar aquele sonho, transformando-o em meta. A partir daquele dia, descobri que as pessoas não compram coisas e sim realizações de seus sonhos e projetos de vida, parei de vender remédios e passei a vender "a cura", o bem-estar, minhas vendas saltaram drasticamente e em curto espaço de tempo tornei-me o melhor vendedor da minha empresa. Tive uma aula de vendas dessa grande pessoa que eu estimo e que hoje é gerente da concessionária da cidade Curitiba, parabéns Joyce, pelo seu trabalho e pelos seus ensinamentos na sua simplicidade de vendedora de sonhos!

**Edemilton Pozza**

É palestrante e escritor, autor do livro *O sucesso ao alcance das suas mãos* e do DVD *Motivando para o sucesso*, graduado em gestão comercial e teologia, pós-graduado em Vendas, Marketing, Administração com ênfase em Gestão de Pessoas, participante e escritor de artigos para o portal do *marketing* e comunidade *Venda Mais*, é professor em 4 faculdades com as matérias:
*Marketing* pessoal e *endomarketing*, logística, administração de produção, administração de materiais, vendas e negociações, qualidade do *marketing*, tópicos de gestão empresarial, fundamentais na formação de acadêmicos e pelo ingresso deles no mercado de trabalho, desenvolveu o projeto "MOTIVANDO PARA O SUCESSO - as vantagens de permanecer na escola" em escolas públicas. Já capacitou mais de 8.000 alunos das redes públicas e particulares de ensino. Sua maior marca como palestrante e professor é a forma dinâmica e principalmente divertida de expor e trabalhar tópicos atuais. Seus exemplos e conteúdo bem elaborado justificam a aprovação superior a 98% em todos os eventos.

**Site**: www.edemiltonpozza.com.br

## Anotações

# 10

# Cinco passos para ser um campeão de vendas

Vencer na profissão de vendas pode parecer simples, mas não é. Requer trabalho duro, direcionado e inteligente. Não se trata apenas de trabalhar muito, mas, sobretudo, de trabalhar certo

**Evaldo Costa**

Cinco passos que poderão levar você ao degrau mais alto da profissão de vendas.

- Aja como se fosse iniciante;
- Use a paciência para triunfar;
- Controle o seu emocional;
- Prepare-se para vencer;
- Crie a sua inteligência em vendas.

Mas, lembre-se: é preciso entender e aplicar o conteúdo com a sabedoria de quem quer fazer história na profissão de vendas.

### I - O verdadeiro campeão de vendas um dia foi iniciante

Você é um profissional de vendas experiente? Espera ser reconhecido e admirado? Caso já tenha alcançado uma posição privilegiada, parabéns: você chegou ao topo e precisa se manter lá.

Não se esqueça de apoiar quem está chegando à profissão, pois o sucesso em vendas depende do bom relacionamento, e quem está aprendendo hoje poderá apoiá-lo amanhã. Os amigos são a melhor referência em crises e ótima fonte de oportunidades.

Considere que todo campeão de vendas um dia foi iniciante. Caso você escolha essa área, também poderá chegar ao topo, mas não será fácil.

Quem deseja triunfar deve confiar em seus instintos e estar disposto a:

- **Arriscar** – todo investimento que oferece boa rentabilidade envolve certo risco;
- **Buscar constantemente** – para merecer o topo, você terá que atualizar-se sempre. Faça cursos, leia bons livros e participe de eventos;
- **Executar consistentemente** – não basta saber o que deve ser feito. É preciso fazer. O conhecimento, sem prática, é como se não existisse;
- **Ser amigável e agradável** – ajude a ser feliz quem estiver ao seu lado. Se você for capaz de fazer o outro sorrir e obtiver o desejado, triunfará rapidamente;
- **Apaixonar-se** – você deve amar a sua profissão. Cuide dela como cuida de seus filhos;
- **Ser ético** – não se iluda com possibilidades de ganho rápido. Dinheiro vem e vai fácil. Zele por seu nome. Sem ele, o topo será inalcançável.
- **Trabalhar** – lembre-se da frase: "somente no dicionário o sucesso vem antes do trabalho". Esteja disposto a dedicar tempo para se tornar grande, e faça-o com sabedoria.
- **Acreditar** – a sua força mental é mais importante do que a sua habilidade e o seu conhecimento. Ela deriva de sua atitude e entusiasmo de trabalhar.

Lembre-se que o seu sucesso é limitado apenas pela sua capacidade de convencimento. Você pode dizer que os clientes nem sempre compram, que vender não é fácil. É verdade, mas você precisa saber que a rejeição faz parte do jogo. É assim em quase tudo na vida. Pense que cada "não" é uma oportunidade para se aproximar do "sim".

Para finalizar, responda as questões a seguir:
- É bom ter uma história de sucesso?
- É bom ter um grande prestígio?
- É bom ter um ótimo ambiente familiar?
- É ótimo ter bons amigos e muitos admiradores?
- É legal ter uma base financeira sólida?
- É importante ter ótima reputação?

Se você respondeu "sim" a todas as questões, está no caminho do triunfo. Daí, basta praticar as dicas acima, ter disposição para lutar e esperança de vencer, que o topo estará mais próximo a cada dia.

### II - Aja com paciência e sapiência na jornada para o sucesso

Buscamos o crescimento pessoal e profissional, mas, nem sempre, os esforços são recompensados como gostaríamos. Deve-se saber que é preciso ter paciência e sapiência, pois cedo ou tarde os resultados virão.

O crescimento sustentável envolve tempos difíceis. Quanto maior a conquista, maiores serão os desafios para obtê-la. Essa lição pode ser aprendida com a "mãe natureza", em que há sol e chuva, tempestade e bonança.

Já na vida, há sucesso e fracasso, felicidade e sofrimento, egoísmo e compaixão. Assim, a fibra e o caráter são fundamentais para suportar os maus momentos; e a humildade e a simplicidade são fatores preponderantes para evitar os excessos nas conquistas.

O sucesso sem falha leva ao falso orgulho. Falha sem sucesso leva ao desespero. Mas, o sucesso e o fracasso, em conjunto, quando há fé em Deus e esperança, proporcionam o verdadeiro crescimento.

Quem deseja o sucesso deve estar disposto a pagar o preço, pois a vitória não dá desconto. Como disse Márcia Wieder: "Concentre-se mais em seu desejo do que na sua dúvida, e o sonho cuidará de si próprio. Você pode se surpreender de quão facilmente isso acontece. Suas dúvidas não são tão poderosas como seus desejos, a menos que você as torne assim".

### III - Controle o seu emocional para triunfar

Consultores buscam desenvolver as técnicas de vendas, apresentação pessoal, dicas de atendimento etc. Poucos se preocupam com o lado emocional, embora seja sabido que o quesito psicológico conta mais que as técnicas.

O que pouco se conhece é quão estressante é a profissão de vendas. Imagine-se com muitos compromissos para honrar, a exemplo o aluguel da casa, colégio das crianças, água, luz etc.

Ao visitar empresas a fim de oferecer desenvolvimento intelectual, quase sempre ouço: "Vamos deixar para depois. Este ano já fizemos muitos treinamentos". Quando ando pela loja e converso com os consultores, vejo que eles tentam demonstrar conhecimento do produto e de atendimento, mas percebo que estão carentes. Ao invés de se preocuparem única e exclusivamente com a parte técnica, devem priorizar o seu equilíbrio emocional. Afinal, a autoestima elevada ajuda a lidar com situações indesejáveis.

Muitos profissionais, na expectativa de cumprir com o papel de provedor da família, "mudam-se" para o trabalho e "visitam a família" nos finais de semana. O resultado é quase sempre um desastre, pois se perde o elo familiar, o pouco de equilíbrio psicológico que resta.

O problema é que muitos gestores estão tão ocupados com o lucro do negócio, que não percebem que o bom resultado é fruto de trabalho certo, e não só árduo.

Assim, se ainda houver argumento de que trabalhar acima do limite humano é o caminho para enriquecer, cabe perguntar: De que adianta produzir riquezas e não poder usufruí-las?

Controlando o seu emocional você vencerá. Cedo ou tarde, descobrirá que não importa **o que** você tem na vida, mas **quem**.

### IV – Vence quem se prepara melhor

Você tem desilusões nessa profissão? Tem talento, mas não consegue boa performance? Não sabe se está no caminho certo? Se for seu caso, não se preocupe, é normal. Muitos, um dia, vão se deparar com situações iníquas que os levarão a este tipo de reflexão.

Assim, o que fazer diante de uma encruzilhada, de modo a optar certo e não permitir que o "leme da vida" fuja do controle? Muitas ações, claro. Mas, se você responder de forma clara as questões seguintes, seguramente aportará onde pretende.

**1. Eu amo o que faço?** Há um velho ditado que diz: "Se você ama o que faz, não terá que trabalhar um único dia sequer em sua vida". Mas, nem sempre amamos o que fazemos. Se você não ama tudo que faz, faça tudo que ama. Porém, se não for possível, foque o principal: o que você mais valoriza e deseja na vida.
**2. Eu tenho o talento para o sucesso esperado?** Você pode amar o que faz, porém, sem nenhuma chance de ser bem-sucedido. De nada adianta trabalhar na profissão que tanto sonha se não for hábil para ser um vencedor. Muita gente que gostaria de jogar futebol, por exemplo, consegue realizar seu objetivo, mas menos de 5% se torna atleta profissional.
**3. Detenho o conhecimento necessário para prosperar?** Só o talento não garante o sucesso. Você deve conhecer artistas, por exemplo, que têm talento e acabam no anonimato. O talento é indispensável para fazer algo com maestria, mas o conhecimento dará a base para transformá-lo em ouro.
**4. O que faço tem reais possibilidades de sucesso?** Você pode amar o que faz e ter talento para conquistar o que deseja, mas, se não há potencial de mercado, não conseguirá alcançar o sucesso que espera. É preciso ter o produto certo, para o mercado certo, no tempo e no preço certo.
**5. Estou trabalhando o suficiente para conseguir o que quero?** Tem gen-

te que se enquadra nos quesitos acima e acha que o sucesso está garantido. O que acontece? Vê todas as oportunidades "fugirem por entre os dedos". É preciso trabalhar bastante, mas de forma direcionada e inteligente.

Se você respondeu "não" a qualquer pergunta, suas chances de sucesso são limitadas e é melhor mudar a rota enquanto há tempo. Porém, se respondeu "SIM" para todas as perguntas, você está próximo da vitória. Finalmente, lembre-se: a maioria das grandes vitórias da vida está a alguns centímetros dos maiores fracassos.

Uma coisa é certa: onde há talento, paixão, potencial, conhecimento e muito trabalho, há reais possibilidades de sucesso. E então, é só fazer o que recomenda Ralph Waldo Emerson: "Escreva em seu coração que cada dia é o melhor dia do ano."

### V – Crie a sua inteligência em vendas

Como diferenciar-se dos competidores e superá-los na caminhada ao topo? Como evitar que seu mercado seja conquistado por eles?

Muitos consultores de vendas, quando questionados sobre sua inteligência de vendas, ficam sem resposta.

Para construir uma boa inteligência em vendas, você deve desenvolver a criatividade, diferenciação e valor. Você facilitará esse processo respondendo:
- Como sou visto pelos meus clientes?
- O que difere a minha abordagem de vendas da dos meus oponentes?
- Em quê o meu processo de vendas é melhor?
- O seu cliente vê diferença de proposta de valor entre você e seus concorrentes?
- Você se comunica por *e-mail* com 100% de todos os seus clientes?
- A sua estratégia de uso das mídias sociais é superior a deles?
- Você faz *follow-ups* por telefone com todos os seus clientes?
- Em que a sua logística é superior?
- Você está melhor preparado para vender do que os concorrentes?
- O que você tem feito a mais do que eles para garantir relacionamento duradouro com os seus clientes?
- Quais ações de fidelização o diferencia dos demais?

Diante disso, construa ou aprimore a sua inteligência de vendas, pois só assim o preço não será o principal e único fator de escolha de seus clientes. Lembre-se: quem não possui uma boa inteligência de vendas é o primeiro a sucumbir diante dos incipientes sinais de recessão econômica.

Enfatizo que, sem disciplina, dificilmente você criará uma boa inteligência em vendas. Enquanto a economia está aquecida, ninguém quer "perder tempo" preparando-se para eventuais desafios futuros. No entanto, o precavido sabe que é preciso cavar um poço antes de sentir sede. Brian Tracy ressaltou: "A habilidade de disciplinar a si mesmo para adiar a gratificação de curto prazo, para desfrutar de recompensas maiores a longo prazo, é o pré-requisito indispensável para o sucesso" e você não alcançará o topo sem uma inteligência em vendas.

Pense nisso, muito sucesso e que Deus nos abençoe.

**Evaldo Costa**

Escritor, professor, consultor e conferencista. Formou-se em Ciências Contábeis em 1982, em Direito em 1998, concluiu o mestrado pela FGV em 2001. Em 2006 foi credenciado *Coach* pelo *ICI* - Integrated Coaching Institute - Califórnia. Participou de mais de trinta conferências no exterior, em especial, nos Estados Unidos. Foi diretor da FENABRAVE-MG, SINCODIV – MG. É diretor do Instituto das Concessionárias do Brasil – ICBR. Especialista em vendas e marketing e realiza palestras no Brasil e no exterior. Foi conferencista no Sixth AutoSummit em 2010, em New Delhi, Índia. Liderou grupos de empresários em visitas de benchmarketing há mais de 40 países. É autor dos livros *Alavancando resultados através da gestão da qualidade* e *Como Garantir Três Vendas Extras por Dia* da editora Campus e co-autor de *Gigante das Vendas, Ser + em Vendas* e *Ser + em RH*. Possui mais de quatro mil publicações e é articulista em mais de quinze veículos de comunicação.

**Sites:** www.evaldocosta.com; www.evaldocosta.blogspot.com; www.carroeletriconews.blogspot.com

**E-mail:** evaldocosta@evaldocosta.com

**Telefone:** (21) 9973.1011

## Anotações

# 11

# CRM com ênfase em vendas

A partir de dados de uma pesquisa internacional, o principal e mais impactante fator de abandono ou descontinuidade da relação de um cliente/consumidor com uma marca ou empresa é a **falta de atenção** que é dada a ele

## Fernando Mindlin Serson

# Fernando Mindlin Serson

Termo que se tornou moda entre os gestores em meados dos anos 90, difundido com o barateamento e a respectiva disseminação da tecnologia, devemos observar que a prática do CRM é mais antiga do que comumente achamos.

Ao imaginarmos uma pequena venda de bairro, no início do século XX, onde o proprietário não somente fazia "fiado" para seus clientes, mas mantinha em sua caderneta de registros (*Caderneta de Registros Mensal* – poderia até mesmo ser essa a origem do termo) quais os itens e em que quantidade cada um deles tinha por hábito e costume adquirir e, ao providenciar novas compras, esses dados iam sendo atualizados, bem como quando houvesse alguma novidade em termos de produto na loja. E se o proprietário, ao verificar o "caderninho", resolvesse entrar em contato com determinado freguês, a fim de lhe mostrar ou sugerir a compra da novidade, ele, sem saber, estava praticando o que hoje se prega como sendo o CRM.

O CRM, anacrônico de *Customer Relationship Management*, representa uma estratégia de relacionamento com o cliente. Por si só, como qualquer estratégia a ser adotada por uma organização, não resolve nada e não basta apenas o desejo de se implantar tal ferramenta que todos os eventuais problemas de uma empresa estarão sanados. É extremamente importante e útil que se tenha, ao implementar tal estratégia, um objetivo claramente definido *a priori*. Este deve ser simples e realizável. Questões como: Quer aumentar as vendas? Para quanto? Deseja ter um suporte mais eficiente? Qual o índice máximo de reclamações permitido? Deseja maior grau de satisfação de cliente? Todos esses em conjunto? Não há problemas, desde que se ao adotar essa estratégia sejamos claros e específicos; e, além disso, reconheçamos que quanto mais complexa for a meta, maior, provavelmente, será o custo de implementação e o tempo até se ter o retorno desejado.

Podemos observar, a partir de dados de uma pesquisa internacional (CRMGURU, 2009), que o principal e mais impactante fator de abandono ou descontinuidade da relação de um cliente/consumidor com uma marca ou empresa é a **falta de atenção** que é dada ele. Isso, por si só, já nos proporciona alguma sinalização de desvio do uso do conceito.

Pesquisa: **Motivo de abandono/descontinuidade na relação de fornecedor:**

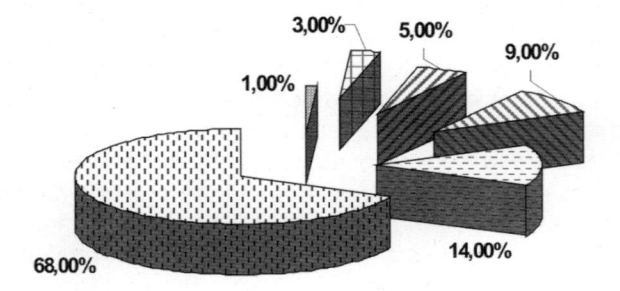

- 1% Falecimento
- 3% Mudança de cidade
- 5% Influência de amigos e familiares
- 9% apelo dos concorrentes
- 14% Baixa qualidade percebida
- 68% Má qualidade no atendimento ou descaso

Nesse contexto, vemos o professor José Luiz Tejon colocar em seu blog que "ninguém mais tem saco para os Sacs" (blog *Cabeça de Líder*, 12 de maio de 2011) onde argumenta que o diretor de fiscalização do Procon-SP informa que apenas 40% das empresas cumprem a lei do SAC. E adianta que a falha está na preparação dos atendentes e que a coisa fica pior quando o *call center* é terceirizado. O grande drama tem sido o tempo perdido por parte dos consumidores, que continuam esperando demais para obter soluções de suas demandas, o que acaba por infringir a lei. Daí, temos a certeza de que há algo errado na adoção da estratégia de CRM pelas organizações.

**CRM e vendas**

O relacionamento por si só não faz com que as empresas vendam mais. Pelo contrário, conforme demonstra o estudo, se uma empresa não busca se relacionar, isto é, não se interessa pelas demandas de seus clientes, não busca interagir com eles, é óbvio que esse cliente/consumidor, no instante em que tiver alguma oferta em que a preocupação com ele é, pelo menos, aparente, fatalmente irá trocar o fornecedor.

O CRM – estratégia de gestão do relacionamento com cliente – deve, então, a partir do uso da tecnologia e das informações atualizadas constantemente dos clientes, permitir e viabilizar que:
- A empresa faça ofertas adequadas a cada perfil/tipo de cliente conforme o seu histórico de compras ou dados comportamentais;

- Um banco de dados bem estruturado e organizado que possibilite a correta segmentação dos clientes, propiciando o suporte e as informações adequadas à área de inteligência de negócios da empresa;
- Não é válida a tentativa de se relacionar do mesmo modo com qualquer tipo de cliente. Sempre vale a pena organizar a forma e o meio de comunicação a ser utilizado, assim como o tipo, a frequência e o conteúdo das mensagens a serem passadas conforme o perfil do cliente alvo da mesma;
- A empresa interaja com esse cliente, buscando nele um agente seu de propaganda e publicidade para seus produtos e serviços.
- Aqui chamamos a atenção de que a indicação de amigos e conhecidos é a forma de promoção mais eficiente e barata que existe, pois quem está "atestando" o produto ou serviço é um "terceiro" com histórico de experiência positiva com a companhia, que é um **conhecido, parente** ou **amigo** daquele para o qual está fazendo a promoção. E esse, ao indicar a empresa, estará afiançando a mesma, pois não desejará "se queimar" com um amigo ou conhecido seu;
- A organização não desperdice seus recursos – tempo e dinheiro – buscando relacionamentos ou negociação com clientes, ou tipo de clientes, para os quais não valha a pena vender. Nesse caso, é frequente encontrarmos clientes/consumidores que sempre estão atrás do "preço". O fator preço é muitas vezes visto como o mais importante e relevante. No entanto, ao se trabalhar o relacionamento de forma estruturada e organizada, esse fator perde importância. Pensemos, por exemplo, no caso de dentistas ou no caso de cabeleireiros para as mulheres em geral. Se o "nosso" dentista, que já nos atende há alguns anos, conhece o nosso histórico de problemas dentários, resolver aumentar em 10% ou 15% ou mesmo 20% no valor de suas consultas, a maioria de nós – aí eu me incluo – não deixará de ser seu paciente. O mesmo é válido para a maioria das moças e senhoras em relação a seus cabelos. Isso denota que mais que o fator "preço" há o relacionamento (incluído aí o aspecto da confiança);
- Por sua vez, é fortemente recomendado ao vendedor/fornecedor que para esse cliente/consumidor ele seja visto como alguém/uma marca especial que justifique empreender esforços: ir mais longe, esperar por mais tempo ou mesmo pagar um valor maior para adquirir esse produto ou serviço, que, ao determinar sua estratégia e sua política de precificação, o faça sem querer ludibriar ou enganar esse cliente ou consumidor. Como tudo tem limites, o preço de um produto ou serviço também tem o seu,

por mais especial que seja, o qual é dado pelo valor máximo de recursos que o consumidor/cliente está disposto a desembolsar por ele. Caso esse consumidor venha a se sentir enganado ou mesmo traído por uma marca/fornecedor, não apenas deixa de ser cliente, como também, e principalmente, se torna um forte agente de publicidade negativa da empresa.Ou seja, de forma análoga aos relacionamentos pessoais, devemos lembrar que há uma linha bem tênue entre o amor e o ódio que um consumidor ou cliente pode ter.

- A empresa tenha condições de avaliar com bases em parâmetros, critérios e métricas previamente estabelecidos, os quais são os limites possíveis em relação a negociações individualizadas com cada cliente/consumidor.

Do exposto podemos inferir que a adoção da estratégia de CRM como suporte a vendas é uma poderosa aliada. No entanto, essa não deve ser vista de forma isolada do contexto e das peculiaridades pertinentes ao negócio em si. Ela é válida tanto para bens industriais quanto para serviços, devendo o gestor ter cuidado de se utilizar dela de forma correta.

**Fernando Mindlin Serson**

É sócio diretor da QUES - Qualidade e Excelência em Serviços (www.ques.com.br), empresa de consultoria e assessoria especializada nas áreas de marketing, qualidade e estratégia de CRM e atendimento.
É doutor, mestre e bacharel em administração pela EAESP-FGV e bacharel em direito pela USP. Atua como professor do Departamento de Mercadologia da FGV-EAESP desde 2002.
Foi coordenador da área de estudos de CRM do CENPRO (Centro de Estudos de Negócios de Propaganda) junto à FGV de 2004 a 2010.
Autor de: *Hotelaria: A Busca da Excelência*. 2ª edição. Cobra Editora e Marketing, 2000; Capítulos: Technology: Information, Business, Marketing and CRM Management. Autor, entre outros, de: In: *Handbook of Business and Information Management Systems*. Angappa Gunasekaran e Maqsood Sandhu, World Scientific Publishing Company, 2009; Estratégias de Marketing para Empresas de Serviços, In: *Marketing: Valor & Estratégia*, escrito por professores do Departamento de Mercadologia da FGV-EAESP e convidados (Coord. Prof. Sérgio R. Dias). Editora Saraiva.

## Anotações

# 12

# Dez passos para se condicionar à excelência

O único limite que podemos ter em nossa vida está na mente e no nível de comprometimento que nós aplicamos para que tudo se torne realidade. Se quisermos viver a vida dos nossos sonhos, devemos nos comprometer com algo valioso e nada melhor do que ser excelente em algo

**Fernando Viel**

**Ser + em Vendas Vol. II**

# Fernando Viel

Vou descrever um assunto procurado, assimilado por poucos e falarei também sobre como se condicionar.

Excelência (do latim *excellentia*) é o estado ou qualidade de excelente. É a superioridade ou o estado de ser bom no mais alto grau. A excelência é considerada como um valor por muitos.

O condicionamento clássico (ou condicionamento *pavloviano*, ou condicionamento respondente) é um processo que descreve a gênese e a modificação de alguns comportamentos com base nos efeitos do binômio estímulo-resposta sobre o sistema nervoso central dos seres vivos. O termo *condicionamento clássico* encontra-se historicamente vinculado à "psicologia da aprendizagem" ou ao "comportamentalismo" (*behaviorismo*) de John B. Watson, Ivan Pavlov e Burrhus Frederic Skinner.

**Primeiro:** deixe bem claro para o seu cérebro em que você quer ser excelente.

**Segundo:** responda por que você quer ser excelente

**Terceiro:** entenda que normalmente as pessoas não são boas no mais alto grau porque querem fazer coisas demais e secundárias, ou seja, não se especializam. Seja um especialista. Se você me perguntar, digo com absoluta segurança e convicção: sou especialista em Psicologia da Mudança porque entendo muito bem de sistema nervoso e estou em melhoria constante e incessante neste assunto nobre para nós, seres humanos.

**Quarto:** lembre-se de que além de estudar frequentemente o assunto com profissionais, em livros, revistas e palestras... Temos que ter 7 convicções, que são:
1. A transformação humana é possível sempre;
2. Algo tem que melhorar;
3. Eu tenho que melhorar;
4. Eu posso melhorar;
5. Eu sou o responsável pela minha melhoria;
6. Tudo que me acontece é positivo;
7. Tudo que eu preciso está em mim.

**Quinto:** associe uma dor intensa com o fato de não ser especialista. Responda: quais são os dez maiores prejuízos pessoais e profissionais que você realmente terá se não for excelente?

**Sexto:** visualize dez minutos por dia, ouça, veja e sinta tendo atitudes e comportamentos de excelência durante 31 dias, depois faça uma pausa de uma semana e volte por mais 31 dias.

**Sétimo:** tome uma das melhores decisões da sua vida, em ser excelente em algo importante para você como profissional e essa decisão você pode tomar em qualquer momento. Quando tomará essa decisão e por quê?

**Oitavo:** a cada dia que melhorar em 1%, comemore. Você pode melhorar 1% por ano? Claro que sim. 1% por mês? Sim. 1% por semana? Sim. 1% por dia? Sim. Então comemore todos os dias, com um autoelogio, com uma afirmação, com uma anotação na agenda dizendo "melhorarei 1% hoje, também me sinto feliz e grato".

**Nono:** depois de ter feito os exercícios anteriores, responda com consciência a essas perguntas agora:

– E se isso trouxer vantagens e benefícios para minha família?

– E se as pessoas gostarem ainda mais de mim depois de me tornar excelente? E se Deus também quiser isto, como agirei agora?

E agora, o que vou fazer?

**Décimo:** o único limite que podemos ter em nossa vida está na mente e no nível de comprometimento que nós aplicamos para que tudo se torne realidade. Se quisermos viver a vida dos nossos sonhos, devemos nos comprometer com algo valioso e nada melhor do que ser especialista em algo. Faça um pacto com alguém especial, para se lembrar em se comprometer nos próximos meses neste foco de excelência e diga para essa pessoa que você também a ajudará de alguma maneira.

*"Progresso sem mudança é impossível; aqueles que não conseguem mudar sua mente não são capazes de mudar nada."*

Agora vou deixar 100 motivos para você fazer esse exercício e não só ler, igual à maioria.

1. Porque você merece
3. Para vencer na vida
4. Para ser mais FELIZ
5. Para ficar eufórico
6. Para conquistar tudo
7. Para ser mais você
8. Para ser um sucesso
9. Para decidir com facilidade
10. Porque chegou a hora
11. Para superar seus limites
12. Para desenvolver seu poder pessoal
13. Para expandir sua mente
14. Para brilhar
15. Para encantar
16. Para surpreender
17. Para ser um modelo de excelência
18. Para ser aceito
19. Para aumentar sua empregabilidade
20. Para melhorar constante e incessantemente
21. Para mudar atitudes medíocres
22. Para mudar comportamentos ruins
23. Para potencializar sua autoestima
24. Para fazer a diferença
25. Para prosperar
26. Porque você realmente quer
27. Porque assim se sentirá melhor
28. Porque se sentirá leve
29. Porque se sentirá forte
30. Porque se sentirá poderoso
31. Para fazer mais e melhor
32. Para se relacionar perfeitamente
33. Para despertar o gigante adormecido
34. Para se tornar um gênio
35. Para ganhar tempo
36. Para economizar energia

37. Para ficar blindado contra o fracasso
38. Para o mundo conspirar a seu favor
39. Para fazer mais com menos
40. Para usar o que você tem de melhor
41. Para ficar melhor do que você já é
42. Para suportar pressões financeiras
43. Para estar preparado para crises
44. Para se conhecer
45. Para ir à causa e resolvê-la realmente
46. Para se condicionar ao triunfo
47. Porque você saberá o que poucos sabem
48. Porque fará o que poucos têm coragem
49. Porque usará a melhor estratégia
50. Porque saberá pra onde estará indo
51. Porque você é único
52. Porque o mundo vai saber de você
53. Para fazer de sua vida uma festa
54. Para fazer sua vida valer realmente
55. Para viver intensamente no lucro
56. Para absorver o melhor de cada momento
57. Porque você pode
58. Porque você terá certeza
59. Porque você tem possibilidades infinitas
60. Porque você tem poder
61. Para ter mais saúde
62. Para revolucionar sua carreira
63. Para inspirar todos os familiares
64. Para melhorar altamente a qualidade de vida
65. Porque você sempre quis
66. Porque você tomou a decisão de estar no comando
67. Para atrair o melhor
68. Para fazer de sua vida um espetáculo
69. Para ser um *SHOWMAN*
70. Porque você é inteligente
71. Porque você encontrou o que tanto esperava
72. Para garantir seu futuro
73. Para se destacar
74. Para ser livre
75. Para ser uma referência
76. Para ajudar as pessoas que gosta
77. Para surpreender seus pais
78. Para subir de nível
79. Para bater um recorde
80. Para ser a mais importante decisão
81. Para incomodar seus inimigos
82. Para eliminar tudo aquilo que te impede de vencer
83. Para ser o LÍDER de sua vida
84. Para ser o Mestre dos Mestres
85. Para ser LEMBRADO
86. Para ser um especialista
87. Para ser procurado como *Top* dos *Tops*
88. Para sua vida ser EXTRAODINÁRIA
89. Para viajar para onde quiser
90. Para conhecer tudo
91. Porque você é filho do CRIADOR
92. Por sua empresa
93. Pelo seu filho
94. Por Deus
95. Pelo seu coração
96. Para viver seu sonho
97. Porque viver triste é ser vivido
98. Pelos dez mandamentos
99. Por sua educação, evolução e totalidade
100. POR TUDO QUE É MAIS SAGRADO

Desta forma, nada e ninguém deterá você, e quando chegar lá, irão te perguntar: como chegou lá?
Que Deus te abençoe.

**Fernando Viel**

Presidente da Viel Treinamento – Academia Mundial de PNL e coaching. É um dos especialistas brasileiros em Psicologia da Mudança. *Coach* Executivo com Formação e Certificação Internacional. *Master* e *Trainer* em PNL. Formado e graduado pelo programa para maximização de *Performance* e Resultados em Liderança, Transformação de Atitude, Expansão de Identidade e Tomada de Decisões: PARAGON pela Matrix University com o *Heart Coach & Head Trainer* Amauri MAVERICK e pelo *Peak Performance Trainer* Rodrigo Cardoso. Ficou concentrado adquirindo conhecimento em mais de 10 mil horas de cursos, treinamentos, palestras e livros. Autor do DVD Coaching: *"The Power of the Powers"* (O Poder dos Poderes). Autor dos livros: *"Hábitos de Bilionários"* e *"As Perguntas Mais Fortes do Mundo"*. Coautor dos Livros *"Ser+ com PNL"* e *"Ser+ com Coaching"* ( Editora Ser Mais).

**Site:** www.viel-treinamentos.com.br

**E-mail:** fernando@viel-treinamentos.com.br

**Telefone:** (64) 9248-3382

# Anotações

# 13

## O jogo interior das vendas: leão ou hiena?

O segredo é se fortalecer internamente antes de qualquer processo de vendas. Trabalhar o seu diálogo interno. Acreditar nas qualidades e em si próprio. Tenha a venda na sua imaginação e a verá se concretizando em breve

**Gregório Ventura**

# Gregório Ventura

*"Se acreditar que pode ou não pode, em ambos os casos você tem razão."*
Henry ford

O universo das vendas é movido por constantes desafios. Cada profissional reage a estes desafios de uma forma diferente. Quero falar sobre o que passa na mente e no coração de uma pessoa quando se prepara para atender um cliente. Um diálogo interno que define a confiança e a segurança para o fechamento de um negócio ou o medo e a insegurança que determinam a perda de uma venda. O que passa dentro de si quando se prepara para abordar um cliente? O que vem na sua mente ao receber as metas mensais?

**Se a sua mente e seu coração não estiverem alinhados com ideias fortalecedoras que produzam uma estima inabalável, a sua "hiena" interior vai decretar o seu fracasso em vendas.**

Existe uma luta interna que é travada no interior do profissional de vendas, na qual o "leão" e a "hiena' determinam o tempo inteiro o comportamento, uma disputa entre seu vencedor interior e o perdedor interior. Tudo começa quando o próprio profissional não acredita em si e no seu potencial e tem dúvidas na sua capacidade em abordar e fechar negócios. Os treinamentos foram realizados e as técnicas de vendas foram aprendidas, mas os resultados continuam a ser abaixo do padrão. Apesar dos treinamentos, não houve a transformação para ser um profissional de alto desempenho. A estima não acompanha o que foi aprendido. Como aplicar a técnica se o profissional não tem estima e confiança em si? Após o treinamento, começa-se a aplicar as técnicas e passados alguns dias tudo é deixado de lado. É preciso ter competência de argumentos e estima. Treinamentos técnicos devem ser acompanhados de módulos emocionais que permitam um trabalho de *coach* em vendas. Não escrevo aqui sobre entusiasmo "fogo de palha", mas ressalto sobre a experiência interior do profissional em vendas em obter estados emocionais positivos e consistentes partindo de sua própria experiência. Como passar uma infinidade de instruções se o profissional não desejou e recebeu dentro de si a ideia fortalecedora do alto desempenho?

**O leão interior precisa ser despertado através da crença fortalecedora de que é possível conquistar seus objetivos em vendas e a hiena interior automaticamente vai perdendo sua voz crítica.**

Toda confiança nasce de ideias fortalecedoras. Uma delas é a abundância e o pensamento de que é possível encontrar clientes que desejam comprar. Atraia para si energias positivas e, ao unir isto com a competência de argumentos, os clientes irão sempre estar presentes e fechando negócios.

Veja na sua cidade ou na sua região quantas pessoas neste exato momento estão pensando em suas próprias necessidades e desejos. Elas precisam de produtos, serviços e informações. Faça um passeio de "helicóptero" na sua mente e vá percebendo as pessoas e seus movimentos, seus pensamentos e como vivem suas vidas. Algumas, neste momento, estão pensando em algum desejo ou necessidade específica. Algumas até já tomaram a decisão de saber mais informações. Outras já decidiram comprar. Outras já estão comprando. Quantas dessas pessoas podem estar interessadas ou podem se interessar pelo que você vende ou deseja vender?

A lei da atração nos ensina que atraímos mais aquilo em que acreditamos. Muitos profissionais de vendas veem imagens e ouvem vozes dos seus clientes dizendo que não irão comprar, antes mesmo de fazer a primeira abordagem. Este é o jogo interior que é preciso vencer antes de atender um cliente. Para realmente ter um alto desempenho em vendas, o profissional deve:

– Desejar alto desempenho e identificar com clareza o que realmente quer em vendas. Para começar, identifique pela lei da oposição o que não quer em vendas. Uma forma de identificar o que se quer é sabendo o que não se quer. É preciso ter claro que realmente é seu desejo de atuar em vendas. O que é o ideal na carreira de vendas? O que se quer ser, ter ou fazer em vendas?

– O segundo ponto importante é dar atenção ao desejo de vendas e colocar foco, energia e concentração no que realmente importa para o profissional. O foco no alto desempenho tem que ser uma rotina diária e se transformar em um hábito em cada abordagem e cada pequena ação de vendas.

– O próximo passo é eliminar qualquer dúvida e ideia limitante que a "hiena" interior vai continuar a pronunciar com sua voz crítica. Qualquer vibração negativa vai impedir o alcance do alto desempenho. É preciso alimentar a voz fortalecedora constantemente. Quantos profissionais estão conquistando em vendas aquilo que você deseja?

– Agir e se comportar como um profissional de alto desempenho. Ter a certeza interna do merecimento e da capacidade de ser um leão em vendas.

Os talentos e recursos estão disponíveis para todos. Alguns utilizam melhor os recursos, principalmente os internos, e se destacam. São profissionais que souberam administrar sua voz crítica, perdedora e inimiga, domaram a "hiena".

**É o leão despertado com sua voz amiga e fortalecedora que irá permitir que flua normalmente a assimilação do conteúdo técnico e a motivação para persistir na utilização das novas técnicas, até que os resultados se frutifiquem e a busca do desenvolvimento seja permanente e inovadora.**

No instante anterior ao atendimento, o jogo é jogado. O segredo é se fortalecer internamente antes de qualquer processo de vendas. Trabalhar o seu diálogo interno. Acreditar nas qualidades e em si próprio. Quando iniciar o processo de vendas, verifique o que está pensando ou sentindo ao ir vender ou abordar alguma pessoa. Diga para você mesmo palavras fortalecedoras e instale um sentimento de confiança. Antes de ir até seu cliente, imagine como pode fazer o seu melhor. Treine na sua mente seu comportamento e como pode se sentir bem em contribuir com aquela pessoa ao apresentar para ela o que deseja vender. Não deixe seu crítico interno te dominar com sentimentos de medo, preocupação ou de fracasso, antes mesmo de atender seu cliente. Visualize sua atuação de forma fortalecedora. Sinta-se bem em imaginar a cena de sua abordagem. Ao se dirigir até o cliente, vá repetindo suas frases fortalecedoras. Antes de ligar para o cliente, diga a si mesmo uma palavra de incentivo ou visualize alguém te dizendo palavras fortalecedoras. Veja a venda na sua imaginação e vai vê-la se concretizando em breve.

E quando terminar o atendimento, o que pode ocorrer que pode te fortalecer?

Aqui está o "pulo-do-gato". Você pode se preparar e mesmo assim pode ocorrer do cliente de fato não fechar o negócio. E agora? Aqui é que vem um ponto importante de como você vai pensar e sentir sobre este fato. Pensar de forma fortalecedora sobre isso é fundamental. O aprendizado sobre isso é importante. Existe sempre uma lição a ser aprendida. Em vendas pode se perder ou ganhar, mais a grande vitória advém do jogo interior que permite um conjunto de ideias, sentimentos e comportamentos fortalecedores que conduzem ao alto desempenho e ao crescimento constante na carreira.

Então, o que vai ser: leão ou hiena?

## Gregório Ventura

É consultor, professor, escritor, palestrante e *coach*. Formado em Administração pela Universidade Estadual de Montes Claros – MG. Foi Presidente da Empresa Júnior Unimontes – EJU e foi cofundador da Federação Mineira das Empresas Juniores – FEJEMG. Recebeu em 1997 o prêmio "Acadêmico Destaque de Minas Gerais", concedido pelo Conselho Regional de Administração de Minas Gerais – CRA/MG. Pós-graduado em Gestão Empresarial e tem MBA em Gestão Comercial pela Fundação Getúlio Vargas – FGV com extensão em Empreendedorismo pela Babson College – EUA. É *Personal Coach* e Executivo *Coach* formado pela Sociedade Brasileira de Coach. *Master Coach* formado pela Graduate School Of Master Coaches do Behavioral Coaching Institute – BCI. É autor da série de DVD´s *Atitudes que vendem*, do livro *"Seja um Fera em Vendas"* e do e-book *"Aprenda a Vender! Para quem acredita que não precisa ou não sabe"*. Coautor dos livros *"Ser+ com T&D"*, *"Ser+ com Coaching"* e *"Ser+ em Vendas"* (2ª Ed.). Recentemente foi homenageado na revista *Guia dos Palestrantes 2010* como um dos palestrantes de destaque no Brasil.

**Site:** www.gregorioventura.com.br

**E-mail:** contato@gregorioventura.com.br

**Telefones:** (31) 9819-1203 / (38) 8414-6225 / (38) 3213-4206

## Anotações

# 14

# Lições de venda e de vida

Na escola ensinam a você uma lição depois aplicam uma prova, na vida é o oposto, ela aplica primeiro a prova para que depois aprenda a lição. A profissão de vendedor o faz passar tanto por situações difíceis como prazerosas. Aproveitar cada uma delas como fonte de ensinamento é o que o diferenciará como profissional de vendas de sucesso

**Jean Oliveira**

# Jean Oliveira

Não fui eu quem escolheu a profissão de vendedor, foi ela que me escolheu, nunca me realizei fazendo outra coisa. Lembro que aos sete anos de idade eu fazia artesanato com bolas de gude e massa epóxi, mas meu prazer maior era vender esses artesanatos, quem os comprava eram as amigas de minha mãe, eu apenas mostrava e elas pagavam, simples mesmo, e eu adorava, pois já me sentia independente custeando o meu lanche da escola. Nessa idade, nem imaginava o que seriam técnicas de venda ou estratégias, porém tempos depois, relembrando esta etapa de minha vida, entendi que ali estava a PRIMEIRA LIÇÃO e quem sabe a mais importante ensinada:

**CLIENTES SÓ COMPRAM QUANDO CONFIAM!**
Hoje já tenho alguns múltiplos de sete acumulados na idade e muitas lições de venda aprendidas e gostaria de compartilhar com vocês algumas delas.

Na verdade, a maioria das pessoas adora comprar, é uma sensação que, se bem conduzida, nos faz bem e nos acalma, mas para isso é preciso sentir confiança em pelo menos um dos três aspectos a seguir, às vezes, até nos três juntos quando o produto ou serviço é totalmente desconhecido por nós. São eles:

**Confiança no produto** - as pessoas compram basicamente por dois motivos, que são **necessidade** ou **desejo**. Quando lidamos com o primeiro, o cliente compra apenas quando tem a certeza de que o produto vai realmente resolver seu problema por completo, como por exemplo, um representante de vendas que acabou de comprar um carro e resolveu substituir os pneus por outros mais adequados à sua necessidade de estabilidade, resistência ao desgaste etc. Neste caso, temos que saber de cor todas as características técnicas, benefícios e vantagens, a fim de munir o cliente de informações suficientes para que tome a melhor decisão, pois caso ele tenha alguma dúvida e nós não passemos segurança na resposta, perdemos a venda.

Quando lidamos com o **desejo,** a venda flui mais naturalmente, pois existem outros motivos envolvidos como *status*, exclusividade, diferenciação e até mesmo a necessidade em ser aceito, que fazem os clientes desejarem determinado produto para se sentirem parte de algum meio. Tenha bastante cuidado nesse momento, o cliente nos dá o sim com facilidade, mas você pode ser penalizado se tirar proveito da situação, agir com má fé e for percebido na sequência.

**Confiança no vendedor** - quando já existe uma relação comercial anterior, há abertura para apresentar o produto ou serviço com mais facilidade, e o cliente ouve sua apresentação com atenção, porque já teve experiências de compras positivas com você. Lembro com orgulho de certa vez em que fui negociar um lote de calçados de segurança para uma empresa de bebidas que já era minha cliente, e quando fui informar que a marca que eu entregaria não seria a mesma da negociação passada, o comprador me falou: "Jean, não estou comprando marca, estou comprando de você, pode mandar que eu confio".

Quando o cliente não o conhece, é imprescindível que ele se sinta seguro com você, quer seja com uma apresentação pessoal bem embasada, com o seu domínio sobre o assunto e/ou com suas atitudes. É justamente nesta última que a maioria peca, agindo com desatenção, desdém ou frieza, portanto, cuidado com seus pensamentos, eles se transformam em palavras, suas palavras se transformam em atitudes e suas atitudes moldam seu caráter. Vendedor sem caráter não é digno de confiança e morre cedo.

**Confiança na empresa ou marca -** é quando o cliente prefere sempre aquele mesmo produto justamente porque é a empresa que ostenta a confiabilidade que ele percebe.

Quando ele só compra por causa da marca que você começou a vender, aproveite esta oportunidade para conquistar a sua confiança, seja proativo e criativo, depois disso você, o cliente e a empresa só têm a ganhar.

Passado algum tempo tornei-me vendedor, viajando vinte e cinco dias por mês por quatro estados do nordeste, fazendo amigos e vendendo minhas marcas. Conquistei os clientes amigos simplesmente demonstrando que realmente me importava com eles, buscando sempre a melhor solução para aquela demanda, mesmo que para isso precisasse adiar a venda, dessa forma se estabelecia a empatia e eu colhia melhores resultados em seguida. Por estas e outras razões, os clientes passaram a me indicar para outros e fechava minhas vendas com mais facilidade, foi assim que percebi que mais de cinquenta por cento das vendas vinham da indicação dos clientes satisfeitos, então aprendi outra lição:

**SEJA HONESTO, JUSTO E ÉTICO, MESMO QUE SEJA SÓ POR ESTRATÉGIA**

Da mesma forma que clientes me indicavam, as empresas também me procuravam para representá-las por indicação de outras empresas e assim eu aumentava meu leque de produtos, mesmo sendo de segmentos distintos. Agora eu vendia para dois públicos diferentes, consumidor final e revenda, e assim vendi bem por um bom tempo, até descobrir que estava perdendo o controle e que poderia obter mais sucesso reduzindo a gama de produtos que eu representava, criando **IDENTIDADE**, ajustando meu **FOCO**, fazendo **PLANEJAMENTO** detalhado e estabelecendo **METAS e OBJETIVO**. Quando tudo funcionou alinhado e comecei a colher os frutos, ficou clara outra lição:

## Jean Oliveira

**OS VENCEDORES SÃO SETAS, OS PERDEDORES SÃO CÍRCULOS**

As metas devem ser definidas de forma clara e direta, sabendo exatamente aquilo que se quer alcançar. Especifique todos os detalhes possíveis, valores, quantidades e estabeleça datas. Os fracassados são divididos em dois tipos, os que fizeram sem pensar e os que pensaram sem fazer, então **planejem.** É imprescindível que você controle seus resultados para saber se suas estratégias o estão levando pelo caminho certo. Suas metas devem ter um significado pessoal, algo que o desafie e o realize passo a passo. E não deixe de comemorar cada uma das vitórias; saber que terá pequenos prêmios para cada passo do processo realizado com sucesso serve de estímulo para prosseguir ainda mais motivado.

*Quando você tem um objetivo, os obstáculos passam a ser encarados como etapas a serem vencidas para a conquista.*

Se existe algo que é constante na profissão de vendedor, é o obstáculo. Mesmo com todo planejamento e cuidado que você tenha, os agentes externos ao bom andamento dos negócios sempre podem surgir, seja o atraso na produção, na entrega, no pagamento, um cancelamento inesperado, um protesto indevido, a ameaça de um concorrente ou outros fatores como sazonalidade, inadimplência etc. Não são poucas as situações que acontecem e que você terá que resolver, estes problemas sempre irão existir e a maneira com que você os encara é que determina de que realmente você é capaz. Procure manter a calma, perder a cabeça não adianta, pois o desespero nunca desfecha problema algum. Todo mundo navega quando o mar está calmo, mas é durante a tempestade que se reconhece o verdadeiro campeão.

Dizem... e concordo, que o vendedor é um misto das mais diversas profissões, sobretudo advogado e psicólogo, por defendermos nosso cliente e lidarmos com as emoções, sentimentos e necessidades deles, mesmo quando dizem "NÃO" a um produto nosso, mantemos nossa conduta e voltamos a visitá-los na próxima oportunidade. Saímos todos os dias em busca do "SIM", mas se o contrário acontece, entra em cena uma característica de perfil comum aos vendedores de sucesso, a RESILIÊNCIA, que é a capacidade de superar situações adversas e buscar entender o que aquele "não" realmente significa sem se deixar abater por ele. No início de minha carreira, aprendi com o Tom Hopkins, consultor norte-americano, outra lição que me é útil até hoje:

**APRENDA A CONTABILIZAR O "NÃO"**

Se para cada cinco visitas você consegue uma venda, e esta venda rende em média R$ 500,00, passe a agir como se cada visita feita tenha rendido R$ 100,00, assim cada "não" recebido passa a ter esse valor. E em seu negócio, qual é sua média de fechamento? Qual é sua renda média?

Quanto vale cada "não" que você ouve? Pensando dessa forma, fica mais lucrativo vender porque você ganha em todas as visitas.

Tenha cuidado para não se limitar a resultados medianos, planeje com ousadia, busque sempre aumentar o valor de cada visita feita, não adianta encantar o cliente e deixar escapar a venda, identifique o momento certo do fechamento, nossa função é trazer números cada vez melhores e nossa remuneração depende destes resultados, somos iguais a um artilheiro de futebol, se não estivermos marcando gol, podemos ser postos na reserva ou até mesmo expulsos do time, portanto aumente o *mix* de produtos na prateleira do cliente, conquiste novos clientes, recupere os antigos, eles não estão inativos, esse conceito não existe, eles estão ativos e o pior, comprando de seu concorrente, não seja vítima da mais cruel das lições:

**VENDEDORES VALEM O QUANTO VENDEM!**

No mundo de hoje, produtos com qualidade e preço competitivo não são mais diferencial algum, são obrigação. Novas modalidades de venda são criadas a cada momento, como os *sites* de compra coletiva onde não existe o contato físico vendedor/cliente, mas que se tornaram febre, portanto cada vez mais as habilidades interpessoais serão levadas em conta, a maneira de se abordar clientes deve ser repensada, argumentar é diferente de insistir, vendedores insistentes são como *spam* da vida real.

Crie sua própria estratégia, reinvente-se, surpreenda seus clientes, participe de cursos e palestras, recicle-se, 10 "eu fui" não valem 01 "eu sou", tenha a certeza de que o sucesso fica na direção oposta ao fluxo normal.

Para os que amam esta profissão, digo que o vendedor, ao contrário do que alguns imaginam, jamais será extinto pela evolução da tecnologia. Computador não abraça, não toma cafezinho com cliente, não elogia quando o time do coração ganha o campeonato, tanto é verdade que hoje muitos querem abraçar esta profissão, só que o funil da escolha está cada vez mais estreito. Antes, seria vendedor aquele sem nenhuma perspectiva profissional, hoje quem escolhe a área de vendas como carreira pode deter muito sucesso se tiver o perfil que o mercado busca, profissionais com imensa sede de capacitação pessoal e técnica, com senso de urgência, perseverantes, adaptáveis, de relacionamento agradável, sobretudo inseridos no mundo digital. As redes sociais chegaram agindo como mudança de comportamento e cabe a nós também evoluirmos juntos.

Em minhas palestras apresento muitas de minhas experiências de vendas, desta forma ajudo a encurtar o caminho para o sucesso de todos aqueles que me prestigiam, e com esse fim deixo aqui a última lição de hoje:

**SÓ SE TORNA CAMPEÃO AQUELE QUE SE COMPROMETE EM OBTER O CONHECIMENTO NECESSÁRIO PARA SER UM CAMPEÃO**

## Jean Oliveira

Vendedor, palestrante de Vendas, Negociação e Atendimento ao Cliente, com MBA em Estratégias de Negócios, graduado em Tecnologia de Processamento de Dados. Possui 20 anos de experiência comercial, participou como instrutor do Repasse Internacional de Metodologia Brasil-África pelo projeto OSE (Oficina SEBRAE de Empreendedorismo). Escreve artigos sobre vendas para vários portais do segmento, e é diretor da Qualidade de Venda Desenvolvimento Humano e Profissional.

**Site:** www.jeanoliveira.net
**E-mail:** contato@jeanoliveira.net
**Twitter:** @palestradevenda

## Anotações

# O DNA do Vendedor de Sucesso

"Brilho nos olhos" é o DNA do Vendedor de Sucesso. O profissional que tem "brilho nos olhos" exibe entusiasmo e motivação somada a todas as suas atitudes. O DNA do Vendedor de Sucesso dentro de suas características possui a persistência, o saber fazer perguntas, o saber ouvir, o poder do entusiasmo, metas e objetivos, a dedicação ao trabalho, a busca pelo conhecimento e o querer ser a "solução ideal" para o cliente. Estas características também podem ser chamadas de atitudes vencedoras e certamente farão de você um grande Vendedor de Sucesso. Brilho nos olhos é o entusiasmo e a motivação para fazer algo, característica singular de quem tem paixão pelo que faz

**João Ecrédio**

# João Ecrédio

É muito comum em palestras e treinamentos de vendas, no intervalo ou no final do evento, alguém vir me perguntar: "*Professor, quais são as características que uma pessoa precisa ter para ser um Vendedor de Sucesso?*".

Cada vez mais me convenço de que para ser um Vendedor de Sucesso é necessário ter "brilho nos olhos". Um profissional de vendas que não tem "brilho nos olhos" nunca será um Vendedor de Sucesso.

Mas o que é ter "brilho nos olhos"?

Costuma-se dizer que "brilho nos olhos" é a característica da pessoa que usa entusiasmo e motivação para fazer algo. É uma característica singular de quem tem paixão pelo que faz. Quando alguém tem paixão pelo que faz, seu estado de espírito muda, seu corpo emite uma energia singular captada por todos à sua volta.

O profissional que tem "brilho nos olhos" exibe entusiasmo e motivação somada a todas as suas atitudes e ações, e isso irradia para as pessoas à sua volta, que traduzem na expressão "brilho nos olhos".

A palavra "entusiasmo" significa: ter Deus dentro de si. A palavra "motivação", por sua vez, significa: ter um motivo para a ação.

Imagine alguém com Deus dentro de si e com um motivo para agir! O resultado é algo feito com vontade, com desejo, com amor, com dedicação – o que causa o "brilho nos olhos" e pode ser percebido onde quer que vá. O "brilho nos olhos" é o DNA do Vendedor de Sucesso.

Este DNA é composto por características que não podem ser negligenciadas pelo profissional de vendas que almeja sucesso pessoal e profissional. Veja quais são essas características e torne-se um verdadeiro Vendedor de Sucesso:

### O Vendedor de Sucesso é persistente

Persistir até obter êxito, esse é o seu lema. Ser um Vendedor de Sucesso requer persistência. Como em qualquer outra profissão, obstáculos aparecerão diante do profissional de vendas, porém a forma como são encarados determinarão o nível de sucesso que será alcançado. Os profissionais mais bem-sucedidos em qualquer área aprenderam a lidar com os obstáculos que se apresentam em seu caminho.

O Vendedor de Sucesso não permite ser dominado pelo medo e enfrenta com tranquilidade seus desafios diários. Não tem receio de atender qualquer tipo de cliente, de fazer perguntas e de contornar qualquer objeção e conduzir para o fechamento da venda; busca soluções, persiste e nunca desiste.

### O Vendedor de Sucesso sabe fazer perguntas

Perguntas certas na hora certa é o segredo da arte de fazer perguntas. Fazer as perguntas certas significa que todas as respostas precisam estar diretamente relacionadas com os benefícios que seu cliente procura em seu produto ou serviço. O cliente compra benefícios que satisfaçam suas necessidades. O Vendedor de Sucesso sabe que a melhor forma de mostrar benefícios é fazendo perguntas a seus clientes. Sabe também que falar somente das características dos produtos ou serviços oferecidos é encurtar o caminho para perder a venda.

O Vendedor de Sucesso tem plena convicção de que, na verdade, o cliente compra a realização do seu sonho ou a solução do seu problema. Portanto, se seu produto ou serviço oferecer isto, você "não precisa vender", o cliente irá comprar de você.

Saber fazer perguntas é a única forma de descobrir quais benefícios seu cliente está buscando. E o Vendedor de Sucesso sabe disso.

### O Vendedor de Sucesso sabe ouvir

Tudo que um cliente falar pode e deve ser *"usado contra ele"*. No entanto, um problema muito sério em vendas é que grande parte dos vendedores faz uma pergunta a seus clientes e, semelhante a certos apresentadores de TV, eles mesmos respondem a pergunta ou continuam a falar sem parar, sem dar ao cliente a menor chance de expor suas ideias e responder à pergunta.

Os Vendedores de Sucesso sabem que seus clientes dirão tudo que eles querem ouvir, para tanto, basta ter uma única oportunidade de falar. Saber ouvir a resposta do cliente é tão importante quanto saber fazer perguntas.

O Vendedor de Sucesso faz perguntas inteligentes, ouve atentamente suas respostas, elogia sinceramente seu cliente e no momento certo poderá usar as informações dadas pelo próprio cliente a seu favor. O Vendedor de Sucesso sabe que o silêncio vale ouro.

### O Vendedor de Sucesso é entusiasta

O Vendedor de Sucesso está sempre motivado, é otimista, tem alto-astral e cultiva em sua mente resultados positivos, de tal forma que seu entusiasmo é percebido pelo cliente desde o primeiro momento da abordagem. O entusiasmo do vendedor é fundamental para criar um clima positivo que incentive o cliente a cooperar no processo da venda.

O Vendedor de Sucesso tem sempre uma atitude positiva e seu entusiasmo é contagiante, mesmo durante períodos difíceis. Raramente fala de forma negativa sobre sua empresa ou sobre o seu mercado de atuação. Quando enfrenta situações negativas ou ruins, procura focalizar os pontos positivos e faz disso um processo de aprendizagem.

O Vendedor de Sucesso acredita na força do entusiasmo e vibra com aquilo que faz. Acredita que vender é ajudar pessoas a realizar seus sonhos, o que torna a arte de vender uma grande missão.

### O Vendedor de Sucesso é movido por metas e objetivos

O Vendedor de Sucesso assume a responsabilidade por seus resultados. Planeja e registra suas metas e cria um forte compromisso para atingi-las. O Vendedor de Sucesso sabe o que quer realizar e *"planeja-se"* para alcançar seu objetivo.

Se porventura não consegue atingir sua meta de vendas, não busca culpados, não atribui o resultado a fatores internos, à economia ou à concorrência e não deixa problemas e assuntos particulares ocuparem sua mente e desviar o foco.

O profissional de vendas que sabe trabalhar com metas define objetivos e busca uma forma específica para alcançar seus resultados. Este profissional está, naturalmente, a caminho do sucesso.

O Vendedor de Sucesso é movido por metas desafiadoras, visualiza seu objetivo e determina quais são as ações diárias para alcançá-lo. O Vendedor de Sucesso sabe que somente suas ações determinarão os seus resultados, e por isso está sempre pensando em alternativas para vender mais e melhor.

### O Vendedor de Sucesso trabalha muito

O Vendedor de Sucesso não desperdiça tempo e está sempre concentrado em seu trabalho. Valoriza o que faz e não se permite perder tempo com "bobagens". Sabe que cada minuto é precioso, por isso, sua preocupação e seu foco são a venda.

Muitos querem alcançar o sucesso em vendas, porém não estão dispostos a "trabalhar muito" para conseguir alcançar seus objetivos. O Vendedor de Sucesso procura negócios e não espera que os negócios venham até ele. Inicia suas atividades diárias bem mais cedo que seus colegas; está verdadeiramente preocupado com seu volume de trabalho, pois sabe que vender é uma consequência natural da quantidade de telefonemas, visitas e apresentações de vendas que realiza.

O Vendedor de Sucesso é persistente, "nunca" desiste. Um *não* do cliente o motiva a buscar o sim, pois sabe que "o sucesso em vendas não é fruto do acaso, da sorte ou do destino, mas daquilo que na prática, ele faz para merecê-lo".

### O Vendedor de Sucesso aprende alguma coisa todo dia

Poucos vendedores se preocupam genuinamente com seu aperfeiçoamento profissional. A busca de conhecimento é sem dúvida um fator predominante para o sucesso de qualquer profissional de vendas.

O profissional que busca ter sucesso em vendas não pode negligenciar a busca de conhecimento.

Existem várias formas de buscar conhecimento em vendas e a leitura é uma delas. Há inúmeros livros de vendas disponíveis no mercado, alguns excelentes. A busca de conhecimento em técnicas de vendas pode mudar significativamente seus resultados, por isso o Vendedor de Sucesso tem como meta a leitura diária de livros ou artigos de vendas.

O Vendedor de Sucesso sabe que nenhum livro, curso ou palestra poderá mudar a sua vida, mas poderá contribuir através da prática diária daquilo que aprendeu em livros, cursos ou palestras.

O Vendedor de Sucesso aprende alguma coisa nova todos os dias. Aceita críticas e procura aprender com seus colegas de equipe, procurando tornar-se um profissional cada vez melhor.

**O Vendedor de Sucesso gosta de manter contato e solucionar problemas**

O mundo de negócios hoje é muito competitivo e muitos vendedores pensam que somente o preço é o fator motivador de compra por parte do cliente. O Vendedor de Sucesso sabe que o preço é um fator importante em toda venda, entretanto raramente é o único fator na escolha de um produto ou fornecedor.

O Vendedor de Sucesso sabe que o contato constante ajuda a manter o cliente satisfeito, por isso enviam mensagens de agradecimentos, de aniversário, artigos importantes e, também, boletins informativos (*newsletters*). Estão sempre procurando formas de manter seu nome e o da sua empresa na mente de seus clientes.

O profissional de vendas que almeja alcançar o sucesso precisa gostar de solucionar os problemas dos clientes, ter sensibilidade para perceber as necessidades, entender a situação e as condições do cliente e assim poder oferecer a solução ideal para o problema. O Vendedor de Sucesso precisa ter uma atitude pró-ativa, identificar oportunidades para solucionar o problema do cliente, incentivando o cliente a aceitá-lo não apenas como profissional de vendas, mas como seu "consultor de negócios", ou seja, o profissional que irá orientá-lo da melhor forma possível em relação aos produtos e serviços do seu interesse. Agindo desta forma, o cliente passa a entender que o vendedor faz mais do que apenas lhe vender produtos ou serviços e tem um verdadeiro interesse em ajudá-lo a resolver o seu problema.

Essas são as características do Vendedor de Sucesso e que também podem ser chamadas de atitudes vencedoras. Uma atitude mental positiva é a força motivadora que impulsiona o desejo de realizar. É iniciar uma entrevista de venda esperando obter resultados positivos. Eis o DNA do Vendedor de Sucesso! Ele está escondido dentro de cada um de nós e é determinante para o sucesso em vendas.

Para ser um verdadeiro profissional de vendas, faça uma autoavaliação das características mencionadas neste texto, não se esqueça do "brilho nos olhos" e seja você também um **Vendedor de Sucesso**.

Muito sucesso e ótimas vendas.

## João Ecrédio

Empresário e palestrante nas áreas de Vendas, Motivação, Liderança e Empreendorismo. É diretor geral da rede de escolas Quality Training e sócio-diretor da Sucessus Eventos Empresariais. Especialista em vendas, João Ecrédio iniciou sua carreira como vendedor porta a porta. Hoje, atua na posição de Diretor Executivo de Vendas, naturalmente sendo responsável pelo treinamento da equipe comercial em sua rede de escolas. A experiência prática e a vivência empresarial fazem de João Ecrédio um dos mais completos palestrantes do Brasil. Em seus treinamentos, mostra de forma simples e objetiva as técnicas e as estratégias que têm ajudado profissionais dos mais diversos setores a vencer desafios e a atingir metas profissionais e pessoais. Nas palestras, João Ecrédio leva experiência, motivação e bom humor na medida certa, usando abordagens simples e eficazes para, através de exemplos práticos, "promover" um novo comportamento em seus ouvintes.

**Sites**: www.joaoecredio.com.br / www.sucessus.com

**E-mail**: joaoecredio@sucessus.com

**Telefones:** (11) 3445-8205 / 8256-3038

# Anotações

# 16

## Como o atendimento em vendas pode ser igual, se cada cliente é diferente?

Saber do que o cliente necessita e identificar seu perfil direcionando o atendimento para ele é um dos segredos para o sucesso em vendas

**Jonas Pires**

Atender bem não se resume em ficar sorrindo, ter boa comunicação e aparência, vai muito além disso, ao observarmos as pessoas em nossa volta veremos que cada indivíduo possui um estilo, perfil, preferências e personalidades diferentes uns dos outros.

"Personalidade é o conjunto de características psicológicas que determinam os padrões de pensar, sentir e agir, ou seja, a individualidade pessoal e social de alguém."

Cada pessoa tem seu modo pensar, agir e sentir, por isso o atendimento não pode ser um molde para todos.

Inúmeras empresas poderiam estar vendendo muito mais se sua força de vendas estivesse preparada para atender cada perfil de cliente.

Muitas empresas se preocupam com vários setores e fatores que ocorrem dentro delas, mas o principal mesmo, que é a FORÇA DE VENDAS, às vezes é deixado de lado.

Vender não é ficar mostrando produtos ou atendendo apenas a demanda daquilo que o cliente solicita, mas é encantar, conquistá-lo, sem forçá-lo.

O único setor que gera receita para uma empresa é o setor de vendas, por isso ele deve estar bem preparado.

É o vendedor quem representa sua empresa, não pode ficar desatualizado ou sem qualificação adequada.

Todo mundo fala de bom atendimento, mas uma definição adequada dele nem todos têm; não é ficar apenas sorrindo ou ter simpatia, isso é obrigação. Bom atendimento é identificar o perfil e o tempo do cliente naquele momento, é direcionar o atendimento para aquele tempo, enxergar a necessidade do cliente e canalizar os argumentos para esse objetivo, é saber usar RAPPORT na hora correta, condicionando a venda para um momento favorável ao fechamento.

É importante identificar corretamente o cliente, pois é justamente através desta identificação que poderemos atendê-lo bem, de modo que ele fique satisfeito com nosso atendimento.

Dois tipos de vendas mais comuns;

1 - Venda por pressão:

Esta venda é aquela em que o vendedor se posiciona como "O CARA":

O cara que vai fazer o cliente levar o produto custe o que custar.

O cara que vai ser inconveniente com o cliente, deixando-o em momentos desconfortáveis.

O cara que vai ocultar ou passar informações indevidas para o cliente, gerando transtornos e problemas tanto para o cliente quanto para a empresa que ele representa, e faz isso por causa de sua ganância em fechar a venda.

O cara que vai ficar chorando e insistindo com o cliente sem nenhum argumento.

O cara que o cliente não vai querer ver em sua frente por um bom tempo.

Quem usa esse artifício não pode nem ser chamado de vendedor, pois além de ser inconveniente e insistente, acaba prejudicando a imagem da empresa.

2 - Venda por argumentação:

Esta é a pura técnica de vendas, mas para ter um bom argumento com o cliente o vendedor tem que estar bem preparado, deve dominar e conhecer bem seu produto, mercado em que atua, como também o seu cliente. Deve conhecer bem suas condições de vendas e principalmente as vantagens e benefícios que seus produtos ou serviços oferecem, deve conhecer o valor e o diferencial de todo produto, como sua embalagem, praticidade, durabilidade, qualidade etc.

Temos que conhecer todas as características, usos e costumes dos concorrentes, elaborando argumentos específicos e convincentes, sem causar conflitos. Esta é a melhor forma de venda, devemos sempre utilizá-la e nos manter fiéis a ela.

Ter boa apresentação, autoconfiança, motivação, visão, atitude, habilidade, nada mais é do que uma obrigatoriedade para quem quer ter sucesso em vendas, mas não para por aqui.

Quanto mais o vendedor conhecer seus clientes, com seus hábitos e costumes, melhor conseguirá prestar um bom atendimento.

Se o atendimento for igual para todos, estará perdendo vendas muitas vezes não pelo produto ou serviço não ter sido interessante para o cliente, mas sim pelo fato de o vendedor não saber apresentá-lo ao perfil daquele cliente.

Alguns tipos de clientes:

Cliente objetivo ou pragmático

Ouvimos sempre falar em pragmatismo. Muitas frases dizendo que "devemos ser pessoas pragmáticas", "pessoa boa é pessoa pragmática".

Mas o que significa ser pragmático?

"O Pragmatismo constitui uma escola de filosofia, com origens nos Estados Unidos da América, caracterizada pela descrença no fatalismo e pela certeza de que só a ação humana, movida pela inteligência e pela energia, pode alterar os limites da condição humana. Este paradigma filosófico caracteriza-se, pois, pela ênfase dada às consequências - utilidade e sentido prático – como componentes vitais da verdade.

O Pragmatismo aborda o conceito de que o sentido de tudo está na utilidade – ou efeito prático – que qualquer ato, objeto ou proposição possa ser capaz de gerar. Quem é pragmático vive pela lógica de que as ideias e atos de qualquer pessoa somente são verdadeiros se servem à solução imediata de seus problemas. Nesse caso, toma-se a Verdade pelo o que é útil naquele momento exato, sem consequências."

Uma pessoa pragmática é aquela que resolve as coisas de forma prática e objetiva.

Já a pragmática é uma realista e prática, tem excelente visão do conjunto de fatores envolvidos em uma compra. Indecisão e ineficiência deixam a pessoa pragmática irritada e podem comprometer a venda.

Este tipo de cliente usa mais a razão do que a emoção, é uma pessoa rápida, que vai direto ao assunto, e irrita-se com conversas fiadas e intimidades.

Analise se tem um tom de voz forte e aperto de mãos firme e se vai direto ao assunto para identificá-lo. Atendê-lo bem significa dar-lhe respostas sem enrolar, ir direto ao assunto.

Um bom preparo é a chave para atender este cliente, ele quer respostas e não suporta vendedores que não as tenham. Um bom atendimento para um cliente pragmático é o que resolve seus problemas no menor tempo possível.

Queimar-se com um cliente desse tipo é ser lento, não ser direto nem conhecer o que vende ou as condições comerciais na ponta da língua. Dica: dê respostas seguras a um cliente pragmático.

Apresente as principais características do produto ou serviço para suprir as suas necessidades. http://pt.wikipedia.org/wiki/Pragmatismo

Clientes conservadores

Muito cautelosos, costumam planejar antes de sair às compras.

Tendem a ser fiéis a uma determinada marca ou empresa. Não gostam de sair da rotina, escolhem sempre a mesma forma de pagamento, gostam de ser atendidos pelos mesmos vendedores. Se um vendedor diferente lhes procura, eles costumam fazer perguntas sobre ele, e às vezes não compram, pois não gostam de sair do padrão, ou seja, querem comprar com o mesmo vendedor.

Geralmente tomam suas decisões cautelosamente e não gostam do pragmatismo de vendedores que tentam lhes convencer de forma diferente.

Respeite os seus padrões de consumo e as suas preferências, tentar fazê-los mudar de opinião gera um grande risco de perder estes clientes.

Clientes inovadores

Gostam do novo, de experimentar e estão sempre em busca de novidades. Têm iniciativa, são criativos em suas escolhas. Costumam ser inquietos, logo se cansam da mesma rotina.

Ofereça ou mostre coisas novas para conquistar a sua lealdade.

Clientes consensuais

São flexíveis, usam o bom senso em suas decisões. Consideram o ponto de vista de outras pessoas e tendem a ser sentimentalistas e sinceros. Querem receber atenção.

Clientes sabe-tudo

Possuem um grande conhecimento sobre determinados produtos ou serviços e fazem questão de demonstrá-los ao vendedor, querem mostrar que entendem do assunto. Tudo o que lhes dizem eles já sabem, e se não sabem guardam a informação para um dia passar, quem sabe, para o próximo vendedor.

Não dispute com estes clientes, apenas mostre que você conhece muito bem o que vende.

Clientes desconfiados

Precisam ver para crer. Gostam de tocar o produto para verificar como tudo funciona. Se você citar alguma característica do produto ou serviço, terá de provar.

Deixe que eles experimentem ou testem o produto. No caso de prestação de serviço, mostre fotos e dê referências, gráficos, contratos de parcerias etc.

Ficar no argumento somente não resolve, prove aquilo que você disser!

Clientes econômicos

Sua principal preocupação é com o preço. Não estão muito interessados em ouvir você falar sobre os benefícios e as características do produto ou serviço.

Ofereça diferentes formas de pagamento, trabalhe em cima do valor, dentro de sua margem permitida. Um simples desconto pode decidir a venda.

Clientes analíticos Gostam de colher as informações antes de tomar qualquer decisão.

Não dão um passo à frente se não tiverem certeza de que dominam todos os detalhes.

Como o pragmático, o analítico é aquele que usa mais a razão do que a emoção. Não tem pressa na decisão, privilegia mais a análise do que a velocidade.

É um cliente racional e que leva certo tempo para tomar decisões, fala com uma voz mais constante e tem gestos pensativos. Para identificá-lo, analise estas características: esse cliente, como o nome já diz, adora informações, tabelas, gráficos e informações técnicas. Atendê-lo bem significa lhe dedicar tempo e materiais. Ele gosta de ser assessorado, mas quer encontrar suas próprias respostas. Não o visite com pressa nem desprovido de catálogos e materiais informativos que possa deixar com ele. Queimar-se com um cliente analítico é lhe impor as respostas e não dar a ele o devido tempo para que tome suas decisões. Como é mais racional do que emocional, não devemos tratá-lo com muita intimidade – o melhor é ser formal. Dica: mostre o maior número possível de informações ao analítico.

Demonstre tudo sobre seu produto ou serviço e dê-lhe tempo para que possa processar todos os dados.

Em meus treinamentos e palestras de vendas procuro sempre abordar este tema, uma vez que ele é essencial para o sucesso em vendas.

De que adianta ter um excelente padrão de atendimento se o mesmo servir para apenas um ou dois tipo de clientes? Entender do que o cliente necessita e identificar seu perfil direcionando o atendimento para o mesmo é um dos segredos para o sucesso em vendas.

**Jonas Pires**

Com experiência de mais de 12 anos, uma das grandes referências em vendas no Brasil. Com o objetivo de capacitar as forças de vendas a venderem mais e melhor, seus treinamentos e palestras em vendas são práticos e de conteúdo relevante.
A dinâmica dos treinamentos, na pessoa de Jonas Pires, consolida a *expertise* de técnicas e metodologias abordadas em uma linha de treinamento, onde a capacitação profissional multidimensional tange os diversos cenários e situações desafiadoras de mercados do mundo contemporâneo. O "aspecto humano" é trabalhado profundamente no resgate dos valores e potencialidades individualizados e de posterior aplicação. A autoestima é a "ferramenta de êxito" no construto da administração dos conflitos e gestão multidisciplinar e interdisciplinar na vida profissional.
Por meio dos conteúdos abordados, trabalha os processos cognitivos, utilizando a observação e a prática motivada na criação de uma consciência evolutiva, dinâmica, sistêmica e operante na pessoa, em toda a sua existência. Seus cursos de vendas e treinamentos utilizam sofisticadas técnicas de vendas, comunicação, didática diferenciada e alta *performance* na apresentação, por meio de metodologia exclusiva. Palestrante de vendas.

**Site:** www.jonaspires.com
**E-mail:** contato@jonaspires.com
**Telefone:** (31) 9165-8800

# Anotações

# 17

# Comunicação, o diferencial do vendedor de sucesso

Acredito em uma frase que diz que um ensinamento sempre pode ser extraído de qualquer situação, por mais simples que esta possa ser. Assim, recebi valiosas lições em minha trajetória de vendedor. Ainda criança, aprendi com meu pai, um caixeiro-viajante, que, na hora de vender, seu interesse deve estar sempre no cliente, não no produto. Desse modo, somos mais verdadeiros, conquistando a confiança do cliente

**José Chaer**

## José Chaer

Cresci vendo meu pai viajar o Brasil de norte a sul. Naquela época, anos 70, ele era reconhecido como caixeiro-viajante, cargo dado a quem vendia produtos fora do local onde eram fabricados. Como naquele tempo o transporte entre grandes cidades e pequenos centros era deficiente, o papel do caixeiro-viajante era rodar o país, de carro, vendendo produtos de modo muito simples. Muitas vezes ele mesmo cobrava e entregava os pedidos aos seus clientes.

Meu pai trabalhou para apenas duas empresas em toda sua vida, ambas fábricas de tecido: Tecelagem Ibirapuera e Santa Constância. Quando fiz treze anos, disse a meu pai que queria ajudá-lo e pedi que me levasse consigo em uma de suas viagens.

"Paulão", como era conhecido por seus amigos, era um homem muito organizado. Arrumou sua roupa dentro da mala de forma impecável e seu carro (naquela época um Fusca), que passou por uma revisão antes da viagem. No dia da partida, meu pai traçou seu próprio mapa rodoviário com tantos detalhes que daria inveja a qualquer guia de estradas. Depois de tudo pronto, me chamou à sala e me ensinou a primeira, e talvez a mais importante, das lições de um caixeiro-viajante, que é usada até hoje por vendedores e consultores.

Ele escrevia o nome de cada um dos clientes a serem visitados e, ao lado, algum detalhe sobre sua última visita. Podia ser qualquer coisa, desde um simples comentário durante a conversa, ou o nascimento de algum parente. Tinha sempre anotado as datas de aniversário dos clientes e nunca se esquecia de perguntar sobre a saúde dos familiares.

A essa altura, você já deve imaginar que meu pai também levava anotado consigo o último estoque de seu cliente para poder efetuar uma venda de reposição, e na hora de oferecer um produto novo, já apresentava informações e opiniões de outros clientes que já tinham experimentado esta mercadoria.

Voltei desta viagem acreditando que vender era, sem dúvida alguma, a melhor das profissões e, imediatamente, consegui permissão de minha mãe para trabalhar em uma feira livre ao lado de casa. Queria colocar em prática tudo que havia aprendido: chamar as pessoas sempre pelo nome, dar total atenção aos clientes, ouvi-los com empatia, interessando-se verdadeiramente pelo outro e, assim, conquistar a confiança de minha clientela.

Estas duas foram, sem dúvida, as experiências profissionais mais importantes e inesquecíveis em minha vida profissional.

Hoje, durante minhas aulas de comunicação, costumo dizer aos meus alunos que não importa a época em que foi desenvolvida qualquer técnica de vendas ou negociação, se elas forem usadas por alguém preocupado verdadeiramente com seu interlocutor, que sabe escutar empaticamente e que cria sinergia com seu cliente, estabelecendo um relacionamento com base na confiança; este, sim, está pronto para desempenhar não só a maravilhosa profissão de vendedor, mas qualquer outra que venha a escolher.

Em 1992, após mais de quinze anos de experiência no mercado da produção de chocolate, aproveitei a abertura dos portos - que até o momento estavam fechados para a importação de produto e matéria-prima para este segmento, vinda de outros países - e parti em busca da realização de um sonho: trazer para o Brasil as melhores matérias-primas para a elaboração dos mais sofisticados bombons e chocolates europeus. Abri, então, uma importadora e distribuidora de matéria-prima para indústria de chocolates finos no Brasil.

Entretanto, todo o material, que era proveniente da Bélgica, após a importação, ficava com um preço muito superior ao de nossa principal concorrente local, a indústria de chocolates Nestlé.

Neste momento, busquei todo aquele aprendizado que tive com o caixeiro-viajante que anotava tudo para poder argumentar com seus clientes depois, e, claro, também todo o conhecimento que adquiri como vendedor de frutas na feira livre. Montei minha primeira estratégia de vendas.

Para mostrar aos meus clientes em potencial que minha matéria-prima não era assim tão mais cara que a concorrente, apresentei suas características da melhor maneira e deixei que eles percebessem as inúmeras vantagens que teriam ao trabalhar com nossos produtos. Claro que tinha em minhas mãos um produto de alta qualidade, mas o Brasil ainda não tinha mercado para tal e o consumidor brasileiro, apesar de querer o melhor em termos de chocolate, não estava disposto a pagar mais caro por isso.

Naquela época, as fábricas de chocolates finos, conhecidas como "transformadoras", recebiam a matéria prima em blocos de 5 kg. O nosso produto era fornecido em gotas, o que evitava a perda de chocolate, que acontecia quando as barras eram quebradas. Nosso chocolate vinha em sacos de 2 e 10 kg e tinha uma quantidade maior de manteiga de cacau, o que facilitava o derretimento da massa, economizava energia, mão-de-obra, e, além disso, facilitava o processo de manuseio, proporcionando uma maciez nos bombons e barras que, até então, era presente apenas nas especialidades vindas da Europa. Em suma, era um produto de primeira qualidade, diferenciado, que certamente cairia no gosto de qualquer um que gostasse de chocolate. De fato, distribuímos bombons elaborados com nossa matéria-prima em diversas lojas, para consumidores dos produtos de nossos clientes em potencial, e o chocolate teve grande aceitação entre eles.

Demonstramos ao nosso cliente as vantagens que o produto dele passaria a ter trabalhando com nossa matéria-prima.

Esta é a grande diferença entre um vendedor e um vendedor consultor. O vendedor consultor não apresenta a seu cliente o seu produto, mas sim a solução ou receita para a melhoria do produto do próprio cliente. Como fazer isto? Usando o mesmo método dos caixeiros-viajantes dos anos 70: comunique-se com seu cliente, interesse-se verdadeiramente por ele e conquiste sua confiança. Por meio de uma comunicação eficaz, a relação com o comprador se tornará muito mais proveitosa.

Em 1994, participei de uma concorrência entre três grandes empresas locais para fornecer chocolate para uma produtora de sorvetes. Aparentemente, tudo conspirava para que fracassássemos, pois o preço da matéria-prima era um fator determinante para a contratação. Outra necessidade era a existência de um estoque local, que também não tínhamos, e nos deixava em desvantagem na hora de realizar as entregas. Mas o que meus concorrentes não sabiam era que meu professor havia sido o Paulão. Dei ao cliente toda atenção que ele precisava, mostrei a ele os benefícios de nossa matéria-prima e de nossas facilidades. Antes mesmo de entrarmos na fase de testes, já havíamos importado e estocado uma grande quantidade de chocolates aqui no Brasil. Deste modo, quando me pediram um primeiro lote de 100 kg em uma segunda-feira cedo, entregamos 200 kg de chocolate na tarde do mesmo dia. Coloquei técnicos à disposição de meu cliente para que pudesse realizar tantos testes quanto julgasse necessário. Mostrei a qualidade de meu produto e deixei que ele decidisse o que considerava melhor para sua empresa.

Hoje, durante os treinamentos de vendas que ministro, carrego meu troféu: um pedido de mais de cinco milhões de dólares assinado pelos diretores da Kibon, a maior fabricante de sorvetes da época. Também é com muito orgulho que, quando saboreio o sorvete Magnum, hoje fabricado pela Unilever, me lembro dos ensinamentos de meu pai: comunicação bem feita, atenção dada a seu cliente e confiança em seu produto são, sem dúvida alguma, as maiores ferramentas para um vendedor de sucesso.

Acredito muito em uma frase que diz que um ensinamento sempre pode ser extraído de qualquer situação, por mais simples que esta possa ser. Em minha trajetória como vendedor, recebi valiosas lições, que considero básicas e importantíssimas a qualquer um que deseje se tornar um profissional de sucesso. Ainda criança, aprendi com meu pai, um caixeiro-viajante, que na hora de vender, seu interesse deve estar sempre em seu cliente, não em seu próprio produto.

## Ser + em Vendas Vol. II

Deste modo, podemos ser mais sinceros e verdadeiros, conquistamos a confiança do cliente e, depois, sua preferência. Um cliente fiel é a melhor coisa que um vendedor pode adquirir. Com as pequenas dicas contidas neste texto tenho certeza de que você aprenderá a se comunicar melhor com seu cliente e a fazer dele seu aliado na hora da venda.

## José Chaer

Consultor organizacional e administrador de empresas. Empresário há mais de 25 anos. Professor universitário há cinco anos na pós-graduação da Universidade Gama Filho em Administração e Marketing Esportivo, nas disciplinas de Comunicação, Relações Interpessoais e PNL, e no MBA na disciplina *Coaching* na Liderança. Atuou como articulador e negociador representando o sindicato patronal ABICAB. Treinador de diversos cursos nas áreas de liderança, *coaching*, comunicação, vendas, relacionamento interpessoal e motivacional. Formado como facilitador do curso "Os 7 hábitos das Pessoas Altamente Eficazes" (Franklin Covey). Formado pela Sociedade Brasileira de P.N.L. como *Master Trainer* em programação neurolinguística. É *Master Coach* empresarial e *Life Coach*. Também é membro do I.C.C. (*International Coaching Community*). Especialista na aplicação da P.N.L. em comunicação, liderança, *coaching*, vendas e relacionamento interpessoal. Coautor de *Ser+ com Coaching* e *Ser+ em Vendas*, da Editora Ser Mais.

**Site:** www.chaer.com.br

**E-mail:** jc.chaer@chaer.com.br

**Telefones:** (11) 9943-7047 / 2548-3412

# Anotações

# 18

# Isso tudo eu já tenho...

O artigo descreve a dificuldade das empresas ao usarem indicadores que demonstrem os resultados mensuráveis de cada ação desenvolvida e a dificuldade delas para perceberem a importância de tal fato para seu desenvolvimento e manutenção no mercado. Aborda também a importância de medir cada ação dentro de uma empresa como um verdadeiro guia para uma tomada de decisão mais acertada

## Leonardo Lima

## Leonardo Lima

"Isso tudo eu já tenho..."

Prezados leitores, por diversas vezes em minhas andanças corporativas como consultor me deparei com a frase descrita acima, após uma longa explicação do que precisaríamos ter ou fazer naquela empresa.

Realmente, em muitas situações constatei que até existia um plano de metas, um treinamento de vendas, uma reunião com a equipe comercial. Mas minha pergunta era: funciona? Você consegue medir o resultado de cada ação realizada? Os objetivos propostos foram alcançados?

Concordo que hoje, com o advento de todas as inovações e técnicas de gestão que surgiram, temos um número sem precedente de ações sendo realizadas em todos os setores da empresa e principalmente no setor de venda. E isso não deixa de ser uma coisa boa para todas as empresas, mas o que me preocupa é o que eu costumo chamar de "miopia" empresarial. Sei que não sou o inventor do tema, mas sempre o utilizo, pois acredito que o mesmo exemplifique bem o sentido da mensagem que quero transmitir.

Ter algo em sua empresa não necessariamente quer dizer que esse algo funcione bem.

Quer exemplos? Pois bem, lembre daquelas reuniões intermináveis onde todos falam e ninguém se entende e o que é pior, nada fica definido. Das metas de venda que são passadas, mas que na verdade quase nenhuma é atingida. Dos treinamentos que na prática não aumentam as vendas, embora sejam muito bonitos e motivadores. Ou seja, tudo isso existe, tudo isso nós já fazemos. Mas qual seria a visão maior que curaria a nossa "miopia" empresarial de não enxergar que o fato de existir não é suficiente? Que isso ou aquilo outro acontecendo dentro da empresa não garante sucesso?

Minha resposta é: medir. Simples, não é? Pode até ser, só que na vida corporativa pratica não vem se mostrando simples. O que acontece é que: isso não acontece. Não existe uma cultura corporativa de mensurar o que foi ou será feito. Não faz muito parte dos hábitos gerais e aí caímos na "miopia".

Se conseguirmos vencer a "miopia" iremos enxergar que tudo deve ser mensurado dentro de uma empresa. Principalmente em um setor de vendas, considerado o coração da empresa.

Mas como podemos enxergar essas coisas? Primeiramente, nos sentindo sempre inconformados com os resultados que já possuímos, ou seja, querendo sempre ser e fazer mais. Esse bom começo já irá nos levar a querermos mais produtividade, organização, rentabilidade, pessoas melhores e por aí vai.

A partir daí é simples perceber que as ações que "temos" podem ser medidas e melhoradas periodicamente. E muitas das ações que "temos" podem ser mudadas ou até mesmo extintas.

Iremos perceber dentro dessa nova visão que aquela reunião antes interminável, tem que ter um prazo para terminar e que ela só existe para identificar três coisas: solução, responsável e prazo. Se isso não for identificado, ela não tem razão de ser em sua empresa.

Também perceberemos que talvez tenhamos que elaborar uma nova metodologia de metas, mais estratégica, contemplando valores diferentes de metas para cada vendedor e metas para produtos com maior rentabilidade ou margem.

Um bom exemplo que eu costumo passar e que está ligado à ideia de mensuração é justamente a prospecção.

É muito mais fácil medir o desempenho por ação do que por venda.

Deixe-me explicar: imagine que você é um vendedor externo e que sua empresa passa para você uma meta de R$ 100.000,00 (cem mil reais por mês).

Se utilizar o raciocínio comum, vai dizer que tem que vender R$ 25.000,00 (vinte e cinco mil reais) por semana e é só.

Mas se você usar a ideia da mensuração de resultado poderá ir muito mais além e fatalmente irá não só atingir sua meta como até mesmo ultrapassá-la.

E como seria: imagine a situação do começo da venda, por exemplo, "quantos pedidos ou orçamentos eu preciso fazer para vender 100.000,00 (cem mil reais por mês)?". Vamos dizer que sua resposta seja 50. "E quantos clientes eu preciso visitar para emitir 50 orçamentos?". Digamos que você responda 150. Então, sua meta, em vez de ser uma venda de 100.000,00 (cem mil reais por mês), será de 150 visitações por mês. Trabalhando assim é muito mais fácil medir seu desempenho, evoluir com o mesmo e atingir suas metas com mais facilidade.

Outro bom exemplo é o caso dos treinamentos de vendas. Acredito que todos já fizeram pelo menos um em sua vida, seja palestra, treinamento, *coach*, seminário etc.

Mas como podemos, na prática, fazer aquele investimento na equipe de vendas transformar-se em retorno para a empresa? A resposta é novamente a mesma: medir.

Medir as deficiências iniciais individuais de cada um na equipe de vendas, pelo histórico de vendas de um a três anos. Qual a média de venda de cada indivíduo? Qual o *ticket* médio de venda de cada vendedor? E nesse momento já se estabelecer um cenário para balizar a empresa da atual situação de resultado de cada vendedor antes do treinamento proposto.

Treinamento realizado. Ótimo. Todos gostaram. Foi um verdadeiro sucesso. Agora vamos para "campo".

O vendedor ou vendedores que tinham o menor *ticket* médio após o treinamento onde foi enfatizada (e muito) a venda de acessórios e adicionais deve ser monitorado pelo seu supervisor ou gerente "especificamente" nessa questão, para diariamente mensurar se ele está conseguindo aumentar esse quesito realmente e se os seus bloqueios foram removidos através do treinamento dado.

Os vendedores que tinham mais dificuldades com objeções, apresentação de produto, que não batiam a meta, também. E ao final, assim como no início, após um prazo aceitável novamente devemos analisar o cenário pós-treinamento e mensurar as evoluções individuais e gerais da empresa. Só assim poderemos dizer se funcionou para a empresa ou não. E poderemos ter certeza de que o investimento em tempo e dinheiro foi alcançado.

Esse formato se mostra muito mais consistente para medirmos a real evolução e realmente sabermos sobre o resultado esperado.

Finalizando, prezados leitores, consultores e gestores, sempre desconfiem quando ouvirem a frase de "isso tudo eu já tenho ou "isso tudo eu já faço" porque, geralmente nesses casos temos muitas e muitas coisas por fazer.

**Leonardo Lima**

É diretor presidente da Business & Leadership Consultoria Empresarial, empresa de consultoria de gestão empresarial atuante há mais de 15 anos no mercado nacional. Como consultor empresarial já desenvolveu projetos de reestruturação e profissionalização de gestão em centenas de empresas no Brasil e na América Latina (Chile, Argentina e Equador) dos mais variados segmentos, tais como indústrias de alimentos, indústrias de cosméticos, empresas públicas, empresas de petróleo, construtoras, redes supermercadistas, redes varejistas diversas, entre muitas outras. Administrador de empresas com especialização em Gestão Estratégica de negócios. Também possui especialização em Controladoria e Finanças, Gestão de Projetos e Comportamento Organizacional a título de *lato sensu* (MBA) e Economia Empresarial a título *stricto sensu* (Mestrado). Palestrante em diversas empresas nacionais de temas relacionados a liderança, motivação, superação, comunicação, sucesso em vendas, entre outros. Como *coach*, já formou uma enorme gama de empresários e executivos para uma gestão mais eficiente e autossustentável. Autor de diversas matérias sobre gestão, empresas familiares, ciência do consumo, análises setoriais entre outras, em diversas revistas e jornais especializados do setor.

**Site:** www.belsolucoes.com.br

**E-mail:** leonardo@belsolucoes.com.br

**Telefone:** (21) 2215-3643

# Anotações

# 19

# *Coaching* em vendas
## Vendas de alta *performance* requerem comportamentos de alta *performance*

"O *coaching* em vendas envolve o relacionamento entre um vendedor profissional e um indivíduo interessado em um produto ou serviço, os quais criam um envolvimento de respeito, segurança, desafio e responsabilidade. Este relacionamento motiva todos os envolvidos a encontrar a melhor solução possível e a cocriar em conjunto bem-sucedidos e rentáveis resultados sempre que possível, para ambos."
(Gary DeMoss, Tim Ursiny e Jim Morel)

**Luciano Loiola**

## Luciano Loiola

*"No ambiente de negócios, você precisa desenvolver novas habilidades com as pessoas para ter sucesso."*

Nos últimos anos, a venda vem ganhando várias técnicas, abordagens e teorias, para ajudar pessoas e organizações a alcançarem suas metas e a continuarem competitivas no mercado. E a venda conta com um forte aliado, o *coaching*. No mercado atual, o cliente está mais informado, exigente e ciente de suas necessidades e direitos, buscando atendimentos diferenciados, que lhe proporcionem experiências inesquecíveis.

A missão do vendedor hoje é entender de gente, e isso é tão importante quanto saber sobre o produto que vende. O propósito do vendedor deve ser primeiro construir uma relação de confiança com o cliente, e depois encontrar exatamente o que o cliente quer e precisa, ajudando-o de forma rápida, fazendo-o sentir-se satisfeito com o produto que adquiriu. Afinal, quem vai se sentir confortável comprando algo de um vendedor que, aparentemente, não seja digno de confiança?

O relacionamento entre quem tem algo para vender e o cliente sempre foi e será marcado por certo ar de desconfiança. Não são raras as vezes em que, enquanto clientes, temos pensamentos como: será que eu posso confiar neste vendedor? Será que ele não quer apenas me empurrar um produto sem qualidade e ficar com o meu dinheiro? Neste caso, um vendedor *coach* usa todo seu conhecimento para buscar a confiança usando o *rapport*, que facilita o contato. O *rapport* é uma harmonia na comunicação, permitindo que o vendedor encontre o modelo de mundo do cliente. Quando estabelecido, é uma dança na qual as duas pessoas espelham seus comportamentos verbais e não-verbais. O *rapport* deve estar *linkado* com um elemento fundamental em vendas: a capacidade de entender os valores do cliente. O grande diferencial de um vendedor *coach* é a sua capacidade de compreender que o ser humano é movido por valores. O vendedor *coach* tem que fazer as perguntas certas para descobrir os valores dos seus clientes, assim ele poderá vender para eles aquilo que eles precisam e utilizará o *rapport* para facilitar o momento da venda, gerando uma sintonia que permita que o cliente sinta-se bem na companhia do vendedor.

Um vendedor *coach* compreende que o cliente não compra um produto ou serviço e sim os valores que atende. Por exemplo: ninguém compra um seguro na Porto Seguros, as pessoas compram a tranquilidade que ele proporciona. Um vendedor *coach* sabe que uma coisa é o que ele vende e outra coisa é o que o cliente compra. Tendo isto como um mantra, o vendedor *coach*, além de *rapport*, estabelece diversas outras estratégias para atender aos valores do cliente:

- Cria uma ambiência perfeita para receber o seu cliente;
- Cria detalhes estratégicos que surpreendam seu cliente;
- Valoriza os canais sensoriais do seu cliente, facilitando o processo

de vendas;
- Vende benefícios e não características. Mais do que isso, vende os benefícios que atendam ao valor do seu cliente, pois não adianta decorar 30 benefícios do seu produto e citá-los no momento de apresentar o produto. O vendedor *coach* apresenta exatamente o que o cliente precisa, pois compreende os valores que ele deseja atender.

Mas vamos a algumas definições para entendermos mais sobre o *coaching* em vendas.

O **coaching** é uma assessoria pessoal e profissional que visa potencializar o nível de resultados positivos nas diversas áreas da vida de uma pessoa, de um grupo ou de uma empresa.

**Coaching** em **Vendas** é um processo capaz de potencializar os conhecimentos, habilidades e atitudes de um vendedor, levando-o à excelência de suas ações, gerando resultados que a empresa necessita.

O **Vendedor Coach** é um profissional que tem autoconhecimento, autogestão (melhoria contínua) e um amplo conhecimento sobre o ser humano, necessário para maximizar a *performance* em vendas, construindo resultados satisfatórios para as organizações. Vender é uma habilidade, com alta demanda de emprego. Para se manter, você tem que estar no topo. Verdadeiramente, estar no topo significa ter sucesso e uma vida equilibrada, sem *stress*.

Uma pesquisa feita pela Fórum Corporation, junto a 138 compradores das maiores organizações, revelou:

**1.** 26% dos vendedores não respeitam o processo de compra, ou seja, desconhecem o tempo de maturidade do negócio junto ao cliente. Acabam por atropelar a negociação, tornando-se incisivos demais.
**2.** 18% não ouvem as necessidades do cliente, ou seja, querem vender o que querem, e não o que o cliente precisa.
**3.** 17% não dão segmento nos negócios, ou seja, desistem no meio do jogo. Têm impulso imediatista e desistem antes de finalizar o negócio.
**4.** 12% são insistentes, agressivos ou desrespeitosos, ou seja, são inconvenientes com o comprador e certamente não são prestigiados. A empresa que não treina o seu profissional está exposta a isso.
**5.** 10% não explicam as soluções adequadamente, ou seja, não tiveram um "Inter Treinamento" adequado. Desconhecem o que vendem. Foram postos vendedores e não formados vendedores.
**6.** A pesquisa revelou que "apenas 7% merecem ser recebidos", ou seja, o gráfico de vendas está no chão e ninguém entende o por quê.
**7.** 6% exageram, ou seja, falam mais do que devem.
**8.** 4% não entendem o cliente, ou seja, além de falarem demais, não escutam o cliente.
**9.** 3% agem com excessiva familiaridade, ou seja, invadem a intimidade do comprador, gerando desconforto.

O *coaching* em vendas pode ajudar os profissionais de venda a combater os problemas de estagnação de carreira, diminuir a queda de *performance* e construir uma linha de vendas baseada em treinamento de equipe.

Tudo isso baseado no desenvolvimento das competências individuais excepcionais de vendas, no planejamento para alcançar resultados positivos, buscando melhorias que levam a uma mudança positiva.

Para que um vendedor *coach* faça uma venda importante baseado no comportamento do cliente, ele requer comportamentos de alta *performance*. Para isso, deverá esclarecer objetivos de vendas em metas gerenciáveis e realistas, refinar as estratégias existentes e/ou criar novas estratégias, desenvolver novas aptidões de vendas, eliminar barreiras irreais que possam prejudicar e priorizar atividades que gerem receitas. Deverá, ainda, remover as barreiras para o sucesso, confiar no êxito, eliminar a procrastinação e praticar técnicas avançadas de uma boa relação de vendas, aprendendo os segredos de uma boa relação de confiança e comunicação.

**Competências do vendedor *coach***

A nova economia mudou radicalmente as relações de consumo e o perfil do vendedor – ou do novo vendedor – também mudou. Até pouco tempo bastava ser simpático e cordial no atendimento que um bom produto fazia o resto. Atualmente, a profissão vendedor engloba uma série de competências fundamentais para a concretização de negócios. E o vendedor se torna completo quando consegue unir três competências conhecidas também como CHAR.

A junção das quatro letras CHAR é tudo o que uma função/cargo de uma empresa exige para que o serviço/produto seja bem administrado e de boa qualidade. No entanto, estas atribuições precisam estar bem definidas e atualizadas. Essas letras significam:

| C | H | A | R |
|---|---|---|---|
| CONHECIMENTOS | HABILIDADES | ATITUDES | RESULTADOS |
| Escolaridade, conhecimentos técnicos, cursos gerais e especializações. | Experiência e prática do saber. | Ter ações compatíveis para atingir os objetivos, aplicando os conhecimentos e habilidades adquiridas e/ou serem adquiridas. | Como você está entregando? |

*Quadro 1 – Dimensões da "Competência" e seus significados (Rabaglio, 2001).*

O **C** significa conhecimento sobre um determinado assunto. Diz respeito à pessoa dominar um determinado *know-how* a respeito de algo que tenha valor para a empresa e para ela mesma. É o saber. Um vendedor *coach* tem que saber fazer ou atuar, saber aplicar conhecimentos e experiências. Um profissional de vendas precisa ter algumas competências para dar o melhor ao seu cliente. O vendedor *coach* precisa possuir bons conhecimentos das características do mercado em que atua. Ter capacidade de planejar estratégias e/ou criar situações favoráveis para realização de negócios e vendas. Saber elaborar e executar planos de ação e abordagens. Capacidade de entender mudanças e variações de mercado, buscando identificar oportunidades de negócios. Saber lidar com as variadas características comportamentais dos clientes. Saber realizar pós-venda e/ou fazer manutenção das relações de negócios. Capacidade de prestar informações com clareza e objetividade. Saber oferecer *feedback* à organização para qual trabalha.

O **H** significa habilidade para produzir resultados com o conhecimento que se possui. Diz respeito à pessoa conseguir fazer algum uso real do conhecimento que tem, produzindo algo efetivamente. É o saber fazer. As habilidades de um vendedor *coach* consistem na capacidade de estabelecer empatia com os clientes. Habilidade de relacionamento interpessoal, sendo atencioso, interessado e educado. Capacidade de argumentação e persuasão. Capacidade de negociação. Habilidade de medir interesses. Habilidade para adaptar-se a situações diferentes e adversas. Habilidade de questionar sem agressividade. Habilidade didática para orientar.

O **A** significa atitude assertiva e pró-ativa (iniciativa). Diz respeito ao indivíduo não esperar as coisas acontecerem ou alguém ter que dar ordens, e fazer o que percebe que deve ser feito por conta própria. É o querer fazer. As atitudes de um vendedor *coach* devem ser baseadas nas capacidades mentais, físicas e motoras, inatas e aperfeiçoadas. Assim, um vendedor deve possuir inteligência analítica, raciocínio rápido e prático, capacidade de observação e aguçada percepção de detalhes, boa capacidade de memorização, criatividade, capacidade de controlar as emoções diante de dificuldades e conflitos, capacidade de entusiasmar-se e manter o bom humor, autoconfiança, clareza e segurança na exposição das ideias e produtos.

O **R** significa o conhecimento + habilidade + atitude = resultado. Sabendo empregar esses três fatores, com certeza você terá ótimos resultados em vendas.

Um vendedor *coach* precisa conhecer muito, desenvolver suas habilidades e ter atitudes. O *coaching* no mundo das vendas é essencial para trabalhar uma base individual, para fazer melhorias por etapas, mantendo o desempenho e a motivação. *Coaching*, portanto, pode chegar a outras atribuições que o treino não pode. Isso não quer dizer que o *coaching* é melhor, por si só: ambos têm um forte papel a desempenhar. Por isso não se esqueça: "treine muito, mas faça *coaching*".

Sucesso e boas vendas!

\*Trechos extraídos do material do curso *Coaching* em Vendas do Instituto de *Coaching* Aplicado – ICA.
\*\* Citações do livro "Compreendendo o CHA" de Enio Resende, editora Summus Editorial.

**Luciano Loiola**

Sócio-diretor da Loiola Calçados e diretor executivo da Calçadeira Loiola, Luciano Loiola é Master Coach pelo International Association of Coaching-Institutes-ICI, palestrante, treinador e escritor, cria e apresenta diversos treinamentos e palestras com foco em vendas e liderança. É membro da Sociedade Latino Americana de Coaching - SLAC. Practitioner em Programação Neurolinguística - PNL pelo Instituto de Desenvolvimento Pessoal e Profissional - IDEP. Possui Formação e Certificação Internacional de Analista em DISC®. Também tem Certificação Internacional em Leader Coach pela "Corporate Coach U" (USA). Bacharel em Administração pela Associação de Ensino Superior do Piauí – AESPI com MBA em Marketing pela Fundação Getúlio Vargas - FGV. Fundador e sócio da Maximize Coaching, além de coordenar o Grupo de Estudos e Pesquisas-GEP. Coautor dos livros *Ser + Inovador em RH e Ser + com Coaching* pela editora Ser Mais.

**Sites:** www.lucianoloiola.com | www.maximizecoaching.com.br

**E-mails:** luciano@lucianoloiola.com | luciano@maximizecoaching.com.br

# Anotações

# 20

# Líderes de Vendas e as Múltiplas Inteligências de Gardner

Quando um líder de vendas utiliza e desenvolve as múltiplas inteligências de Gardner de forma ampla e adequada no seu dia a dia, recebe em troca na carreira e na vida não apenas os bônus ou prêmios que todos os gestores de vendas inteligentes merecem, mas também pontos importantes que farão a diferença em seu trabalho e na conquista de uma sociedade melhor e mais próspera para todos

**Marcelo Homci**

Uma teoria que ampliou a forma utilizada para compreender as pessoas e para o desenvolvimento de suas potencialidades foi divulgada ao mundo com a publicação do livro ***Estruturas da Mente – A Teoria das Múltiplas Inteligências,*** em 1983 por Howard Gardner.

Em seus estudos, Gardner definiu inteligência como a habilidade para resolver problemas ou criar produtos que sejam significativos em um ou mais ambientes culturais. Esta visão questionava o enfoque até então largamente utilizado de que a inteligência era única e medida pelo famoso teste de **Q.I**, levando em consideração apenas as habilidades linguísticas e lógico-matemáticas.

Os sete tipos de inteligência descritos inicialmente no livro foram acrescidos de mais dois por ocasião da revisão dos conceitos realizados por Gardner e sua equipe dez anos após a publicação original. Uma das afirmações importantes é a de que todos possuem os nove tipos que se manifestam e se combinam de forma diferente em cada pessoa.

A contribuição deste famoso e controverso professor de Harvard implica numa nova forma de desenvolver pesquisas e programas voltados para a educação de crianças e adultos, visando a um melhor aproveitamento dos diversos perfis de profissionais que existem nas escolas, universidades e empresas em geral.

Utilizo essa premissa em meus treinamentos de liderança *coach* e comunicação, aplicando formatos específicos e variados, incluindo dicas para promover a criação de um ambiente de aprendizagem enriquecedor e o mais abrangente possível.

Faço isso também nos programas que realizo para gerentes de vendas, onde afirmo que para se destacar e ter sucesso é preciso liderar utilizando as inteligências de Gardner, que são a Verbal-Linguística, a Lógico-Matemática, a Visual-Espacial, a Corporal-Cinestésica, a Interpessoal, a Intrapessoal, a Musical, a Naturalista e a Existencial.

Abaixo observamos como cada uma é tão importante para os gestores e demais líderes de vendas:
1. Inteligência Verbal-Linguística – Como liderar uma equipe sem utilizar a habilidade de convencer, informar, treinar, fazer *coaching* através de palavras e textos?

A habilidade para lidar com palavras de maneira eficaz é determinante para o alcance de metas e para o desenvolvimento da equipe. Um gestor necessita transmitir ideias verbalmente e por escrito, de maneira clara e convincente, e deve fazê-lo de forma a motivar a todos, ao mesmo tempo em que alinha suas ações e as da equipe à missão da empresa.

Normalmente os gestores de vendas demonstram esta inteligência quando desenvolvem seu time ou quando contam, em treinamentos e conversas, histórias e casos de vendas, negociações benfeitas, experiências bem-sucedidas ou como solucionaram problemas e necessidades de clientes.

2. Inteligência Lógico-Matemática – Será que entender de lógica e matemática, mesmo que não seja de modo profundo, é importante para um líder de vendas?

Gerentes devem entender e aperfeiçoar processos e pessoas, saber pensar de forma abstrata e conceitual, além de compreender padrões lógicos e numéricos.

Esta inteligência é claramente uma habilidade para desenvolver raciocínios e resolver problemas, algo extremamente importante para que um gestor de vendas possa fazer projeções, estabelecer metas para sua equipe, desenvolver planos para alcançá-las e para adequar suas metas à estratégia da empresa.

3. Inteligência Visual-Espacial – Já imaginou como seria mais difícil saber onde estão concentradas as vendas se o líder não fizesse um bom mapeamento de sua região e seus colaboradores?

Com a inteligência visual-espacial bem desenvolvida, o gestor pode mapear sua área de atuação de forma mais adequada, descobrindo nichos e atendendo aos clientes de forma mais adequada e eficaz, designando um território bem definido a cada membro de seu departamento.

4. Inteligência Corporal-Cinestésica – Será que é apenas a boca que fala?

Um gerente inteligente sempre fica atento às mensagens que sua equipe transmite a todo o momento. As pessoas mostram seu humor, sua disposição, sua atenção e seu interesse através de gestos e por outros sinais que emitem pelo corpo.

Da mesma maneira, podemos destacar como é importante para vendedores e gestores desempenharem seu papel, demonstrando uma postura profissional com uma aparência bem cuidada.

O bom uso dessa inteligência pode também influenciar na capacidade de resiliência, de superação das adversidades, da busca do equilíbrio e da atenção, conquistando assim mais sucesso nas vendas através de um corpo bem preparado fisicamente.

5. Inteligência Interpessoal – Saber lidar com pessoas de forma eficaz é o maior desafio e a maior solução da atualidade.

É uma das maiores armas dos gerentes inteligentes, pois ajuda a entender como está cada membro de seu time, ajuda a entender humores, desejos, percepções individuais e outros tantos pormenores, a fim de buscar respostas para compreender o que pode motivar cada um.

Liderança é, em grande parte, a capacidade de influenciar e servir pessoas, e a inteligência interpessoal pode fazer a diferença na vida de um gestor, definindo o tamanho do sucesso do time e de sua área de atuação.

6. Inteligência Intrapessoal – Como liderar alguém se o líder não conhece e não lidera a si mesmo?

A inteligência intrapessoal é mandatória para saber aonde se quer chegar como profissional e pessoa. Saber o que nos motiva, entender nossos valores, sentimentos e crenças, abre um caminho bem estruturado para traçar um bom planejamento de carreira e não sucumbir a modismos ou à perda de foco.

Conhecer o que o motiva e exercitar a autoliderança com eficácia favorece o aumento da autoestima e do discernimento do líder, na medida em que ele identifica o que precisa ser feito para realizar metas e alcançar sonhos.

7. Inteligência Musical – Será que o líder precisa ser um músico para se tornar um gestor nota 1000?

Esta inteligência caracteriza-se pela habilidade de entender a linguagem sonora, produzir, distinguir e apreciar sons, ritmos, tons e timbres diferentes.

Um líder de vendas necessariamente não precisa entender de música, mas em minha opinião deve liderar sua equipe como um verdadeiro maestro. Auxiliar cada colaborador como um músico de uma orquestra, tendo a correta percepção de que cada um é diferente e importante, pois um pequeno deslize pode ser a sentença para um resultado catastrófico no final do mês, impactando não apenas no resultado da empresa, mas na própria carreira do gestor.

Uma equipe de vendas de verdade também deve vibrar com cada meta alcançada, cada cliente bem atendido. Essa vibração faz toda a diferença e é música pura...

8. Inteligência Naturalista – Se o líder de vendas não entender e cuidar das coisas deste mundo, para quem ele e seu time vão vender se o mundo acabar?

Esta inteligência discorre sobre a competência do homem de compreender a natureza e o mundo, além de sua relação e diferenças entre os diversos tipos de vida existentes no planeta.

Um gestor de vendas deve ser um profissional completo, atento a questões sociais e ao apelo da construção de um mundo sustentável.

9. Inteligência Existencial – O que significa tudo isto?

O líder de vendas deve cada vez mais desenvolver sua sensibilidade para tornar-se um profissional ético e eficaz, entendendo questões profundas sobre o significado da vida.

Questões como o destino do mundo físico e psicológico, o amor e o respeito pelo próximo, pela arte ou por uma causa, fazem com que este tipo de inteligência possa ser aplicado em suas ações, exprimindo princípios e valores espirituais com o objetivo de encontrar paz e tranquilidade.

A inteligência existencial envolve também a capacidade de estabelecer e viver por um propósito na vida e de lidar com problemas existenciais como a perda e o fracasso.

Porém, quando um líder de vendas utiliza e desenvolve as diversas inteligências acima de forma ampla e adequada no seu dia a dia, o que ele recebe em troca na carreira e na vida não são apenas os bônus ou prêmios que todos os gestores de vendas inteligentes merecem, mas também pontos importantes que farão a diferença em seu trabalho e na conquista de uma sociedade melhor e mais próspera para todos.

## Marcelo Homci

Palestrante, *Master Coach* pelo Behavioral Coaching Institute – EUA e Austrália, *Executive Coach* pela SBC com reconhecimento do International Coaching Council. É também *Personal & Professional Coach* pela Sociedade Brasileira de Coaching. Foi executivo em empresas líderes de mercado, em vários segmentos como Natura, Tupperware Brands e Jequiti Cosméticos. Atuou na área comercial e *marketing* com forte vivência na formação, treinamento e liderança de forças de vendas em todo o país, incluindo pessoas jurídicas. É *coach* de executivos e empresários com especialidade em liderança, mudança comportamental e formação de times de alto desempenho. Pesquisador do comportamento humano é formado como Analista Quântico pela Universidade Quantum e administrador com especialização em liderança, gestão de pessoas e comunicação empresarial. Experiente na elaboração e realização de programas de treinamento em *Sales Coaching*, *Team Building*, Líder *Coach Training* e *Outdoor Training*, todos utilizando técnicas consagradas internacionalmente. Coautor do livro "*Ser+ com Coaching*" (editora Ser Mais).

**Site:** www.homci.com.br

**Telefone:** (11) 2922-1010

## Anotações

# 21

# Que tipo de vendedor nunca está desempregado?

Veja a seguir como aumentar o seu desempenho, sua motivação e sua empregabilidade no mercado de trabalho em vendas

**Marcelo Ortega**

Meus amigos leitores, importante destacar que vendedores trocam de empresa demasiadamente rápido por diversos motivos. Entre eles está a demissão pela falta de resultados ou mesmo por decidirem migrar para outra empresa ou negócio que lhes proporcione melhores resultados financeiros.

Assim, vendedores novatos, em especial os que atuam em varejo como *shopping centers*, ou os mais experientes representantes comerciais, vendedores corporativos (B2B) e profissionais de nível gerencial, apresentam altos indicadores de rotatividade.

Tanta instabilidade e falta de compromisso com os negócios da empresa resulta em um ciclo de fracasso, gerando instabilidade e queda de vendas.

Por outro lado, a empresa passa a desconfiar de sua equipe por senti-la vulnerável e à mercê de pessoas que não se comprometem com suas metas, passando a enxergá-las como vendedoras descartáveis ou pouco duráveis.

Em geral, custa muito caro contratar e treinar profissionais para depois demitir ou perdê-los.

Assim, as empresas estão preferindo profissionais em formação ou pessoas que nunca atuaram em vendas, mas que têm uma atitude mais positiva e séria, não visando apenas os ganhos financeiros.

**Que tipo de vendedor você prefere ser?**

O profissional deve pensar em sua carreira de acordo com seus objetivos de vida e trazer para o seu dia a dia essas metas.

Aquele que consegue ter um ciclo de sucesso visa sua carreira como parte de uma negociação e tem suas metas e conquistas focadas no negócio ou empresa em que atua.

Sucesso e trabalho tem como consequência dinheiro. Assim, o começo da carreira deve ter como foco o aprendizado e o ganho suficiente para o sustento.

Entre vendedores, é comum profissionais se perderem em meio a ambição, que pode se transformar em ganância, perdendo, inclusive, o senso comum no que diz respeito à escala de valores essenciais como responsabilidade, compromisso e ética.

Entretanto, quem atinge o sucesso sabe que o dinheiro é secundário e virá quando fizermos bem o nosso papel, quando pertencermos a um grupo e nele atuarmos com prazer e vontade.

O preparo deve sobrepor o impulso radical da gana e a educação se faz mais necessária do que a improvisação do vendedor de segunda linha, que age como um "faz tudo".

E quem faz tudo porta-se como um pato: anda, nada, canta e voa, mas não é nenhum exemplo naquilo que faz.

**Um fator crítico para o sucesso: o cansaço mental**

Um dos fatores que mais afetam o emprego do vendedor e do gerente de vendas é o tal cansaço mental. Ele se traduz na estafa do cotidiano duro, no estresse somatizado pelas perdas e pela árdua rotina de prospectar, conquistar clientes e mantê-los satisfeitos, sobretudo, na necessidade da obtenção das metas e objetivos essenciais em vendas.

Muitas vezes me peguei sem vontade de levantar da cama para trabalhar, talvez você já tenha sentido isso. O que traz esse desânimo ou cansaço é a falta de objetividade naquilo que temos de bom pela frente. O foco nos problemas e nas barreiras nos tira o desejo de vencê-las, nos abate. Para evitar tudo isso é preciso ser maior que o problema e eliminar atitudes e comportamentos limitantes, pessimistas e, quase sempre, rotineiros modos ineficazes de fazer sua venda. Se não deu certo antes, ótimo! Ainda está por vir o melhor. Sempre há um meio de se conquistar o sucesso.

Imagine aquele dia que se levantou bem cedinho, recorreu a um planejamento feito no dia anterior para prospectar clientes ou fazer vendas mais bem elaboradas àquela clientela rotineira e pôs em prática novos argumentos, melhores discursos e apresentações comerciais. Por conseguinte, teve um melhor desempenho como fruto de todo seu nobre empenho. O resultado foi excepcional, fez mais vendas com mais lucro e melhores comissões. Ao final do dia, chegou à sua casa bem cansado (a), mas com o sentimento de dever cumprido, satisfação total. Seu cansaço é físico ou mental? Você vai sentir vontade de ficar em sua cama no dia seguinte? Tenho a certeza que não. O stress não é produto de muito trabalho, mas de muitas pendências e insucessos naquilo que fazemos. Para se livrar dele seguem dicas poderosas e que me ajudaram como vendedor que sou há 20 anos:

- Procure ser maior que seus problemas, afinal, você é o protagonista da sua história de sucesso. O problema trará o contrário;
- Invente novos meios de falar, mude sua maneira de vendas, sua abordagem e procure entender o que motiva o seu cliente a comprar. Venda ganhos e benefícios para marcar mais visitas ou conquistar mais clientes pelo telefone ou no contato em sua loja;
- Estude mais seus produtos e serviços e faça um mapeamento de oportunidades para cada perfil de cliente. Não trate todo mundo da mesma maneira, isso pode proporcionar perdas (de tempo, da atenção do cliente, do interesse em comprar);
- Coopere com o inevitável (este é um princípio de vida ensinado

por Dale Carnegie no livro *Como evitar preocupações e começar a viver.* Edição 37. Nacional, 2003). Nem tudo dará certo e algumas coisas quando estão erradas nos ajudam a melhorar e a refazer bem feito da próxima vez;
- Aceite-se como vendedor (a) e faça suas vendas com convicção. Chega de temer o contato inicial, pensar que está amolando os outros, agir com insegurança e de forma imprecisa. Um (a) profissional de sucesso tem brio, coragem, fome de resultado e faz seu trabalho com paixão e preparação;
- Influencie as pessoas a indicarem você, por isso relacione-se bem. Quando um vendedor investe seu tempo ocioso nos relacionamentos duradouros, encara clientes como seus amigos e torna-se um vendedor melhor;
- Nunca deixe que uma derrota temporária (a falta de vendas em um determinado momento) ou o excesso de esforço seguido de um baixo resultado sejam mais importantes que a sua capacidade criativa, motivadora, inspirativa. O ser humano é uma maquina poderosa de superação quando decide por convicção e paixão viver como tal.

**Qual é seu motivo para ação? Quais as causas que lhe motivam ou te acomodam?**

Motivação não existe quando nosso trabalho se resume a execução de tarefas e cumprimento de metas da empresa. É preciso ter **causas** para ser uma pessoa automotivada e que não se limita a números pré-definidos. Em vendas, vale muito aquela expressão "o céu é o limite", afinal, vendedor faz seu tempo e salário. No entanto, isso pouco ocorre na prática, e posso assegurar a você, leitor, que a maioria das equipes de vendas são formadas por pessoas que não ultrapassam seus limites, tampouco ousam superar as metas impostas pela empresa, temendo que, se fizer isto, no mês seguinte seu chefe irá aumentá-las em definitivo. É um desperdício ver tanta gente talentosa em vendas, que pode muito mais, ficando em zona de conforto e evitando seu próprio bem, com mais dinheiro no bolso, reconhecimento e ascensão na carreira.

Certa vez, quando iniciei como vendedor em uma empresa de informática, fui logo investigando com meus colegas vendedores qual era a média de vendas de quem mais vendia e nos primeiros três meses eu coloquei aquilo como objetivo. Em 90 dias, estava prestes a superar essa média, porque me dediquei demais e fiz um bom trabalho com clientes que já tinha de outras empresas do ramo. No entanto, era muito jovem e ambicioso, e fui surpreendido por um vendedor mais velho de casa, que estava entre os que mais vendiam, quando ele me disse: "Marcelo, nem pense em colocar todos estes pedidos neste mês porque irá superar a meta que a empresa nos dá e, portanto, correremos o risco de ter nosso objetivo mensal aumentado". Daí ele mesmo me explicou que por diversas vezes deixava para por o pedido de alguns clientes no mês seguinte, evitando tal problemática.

Deste dia em diante, entendi que ambição e superação nunca podem terminar para o vendedor e, se eu tivesse dado ouvidos ao veterano naquela empresa, ficaria no time dos acomodados e não cresceria pessoalmente e profissionalmente. O que me fez decidir por isso foram as **causas** que eu tinha para fazer meu trabalho: precisava pagar meus estudos, ir para a faculdade, ajudar minha mãe em casa, já que o dinheiro era curto demais, e, ainda, conquistar minhas metas como viagens, comprar meu carro, me vestir bem etc e tal. Contudo, a mais importante causa era o prazer de vencer barreiras, de fazer bem feito, de ser reconhecido. Em menos de um ano na empresa, me tornei gerente comercial e chefe de pessoas que tinham mais tempo em vendas do que eu tinha de vida. E mais, eu fui para alguns deles uma inspiração para mudarem suas zonas de conforto, ajudando-os a retomar a paixão por vender, o prazer de crescer, a motivação: um motivo para a ação.

Ninguém levanta todo dia cedinho e sai para vender se isto for um sacrificante trabalho que o fará porque precisa somente pagar suas dívidas. Fazemos isso por que não há outro jeito, mas, essencialmente, todos devem se perguntar: o que motiva você?

Uma vez um grande vendedor que conheci em uma das minhas palestras me disse: nenhum garoto novo aqui na empresa é mais motivado que eu quando meus três filhos pulam na minha cama e me acordam dizendo: "Papai, vamos acordar que o senhor precisa trabalhar e vender muito!" (ele me disse ter combinado isso com os filhos já que os levava à escola logo cedo). O pior, dizia ele, é quando o mais novinho, que mal falava espontaneamente perguntava quando chegava à sua casa: "E aí, papai, vendeu hoje?" Ele me disse que isso o corroia por dentro nos dias que não tinha vendido. Portanto, mesmo com metas batidas, você acha que este vendedor pararia? Ele mesmo disse-me que nunca limitava suas metas, afinal, tinha três motivos para ação que o acordavam logo cedo, sem se preocuparem se já havia conseguido ou não.

Aja com entusiasmo e será um entusiasta.

Por isso, o vendedor que nunca está desempregado é aquele que tem ética, acumula conhecimento, habilidades e atitudes pró-ativas, sempre preocupado em se formar nesta profissão com o apoio de outros líderes que lhe deram uma boa escala de valores e objetivos para prosseguir.

Pense nisso e muito sucesso em vendas!

## Marcelo Ortega

É vendedor nato, lidera e treina equipes de vendas há 10 anos. Palestrante e consultor focado em melhorar resultados de vendas e produtividade de equipes comerciais. Especializado em Vendas e Marketing, foi executivo de vendas de importantes empresas nacionais e multinacionais. Faz palestras de vendas, gestão, liderança, negociação e treinamentos personalizados utilizando de sua experiência na área e certificações como PNL em vendas, Solution Selling, Proactive e Strategic Selling. Autor do livro "Sucesso em Vendas" - Editora Saraiva – 2006 e "Inteligência em Vendas" – Editora Saraiva 2008. Um dos autores de "Gigantes da Liderança" – Editora Resultado - 2007 e "Ser + Líder" , "Ser+com Palestrantes Campeões" e Ser+ em Vendas, da Editora Ser Mais.

**Site:** www.marceloortega.com.br

**E-mail:** ortega@marceloortega.com.br

**Telefone:** (11) 3323-7596

## Anotações

# 22

# Processos Comerciais e Inteligência de Vendas

*Precisamos, antes de estar perto dos clientes, estar presentes; antes de atender, servir; antes de vender, satisfazer; antes de contatar, relacionar; o estilo gente é o que recomendo para o sucesso em vendas*

## Múcio Morais

Toda empresa tem algum sistema de comercialização de seus produtos ou serviços. Este processo geralmente tem um controle informal, que não mensura a maioria dos aspectos vinculados à venda ou não-venda. Ainda, os processos são intuitivos ou mecânicos, sendo o primeiro tipo desenvolvido a partir do talento, habilidade, experiência e intuição do vendedor, e o segundo normalmente é um processo coordenado de ações, mas que encerra em si os segredos do sucesso de cada indivíduo participante. É comum o fracasso ser atribuído à falta de disciplina ou habilidade para se aplicar o "processo infalível de vendas".

Para alívio das consciências, por trás da **liderança** do processo sempre existirão bodes expiatórios para levar a culpa do fracasso. Este ciclo vai sobrevivendo às intempéries, o que pode durar anos e, evidentemente, muitos processos, embora únicos, são vencedores em determinadas atividades.

A questão é que, seja o processo vencedor ou perdedor, a maioria não está devidamente estruturada para subsidiar mudanças no próprio processo **comercial** da empresa, ou seja, o processo é absoluto diante dos profissionais que o utilizam e no mercado onde ele é aplicado.

Não existe **modelo perfeito**, existem sim modelos e variações que podem ser aplicados de acordo com a necessidade do jogo. Entenda que o mercado tem suas regras e elas são implacáveis, por exemplo: mentir quanto a prazos, qualidade ou benefícios de um produto ou serviço para um cliente é decretar a não revenda para este. Ninguém compra novamente de empresas e vendedores mentirosos, regra implacável, imutável e quase irreversível. Pênalti! E aqui a chance de perder a partida é de 100%: **cliente não perde pênalti**.

Mas entendendo o mercado como um **jogo**, uma competição, seria suicídio entrar em todas as partidas do campeonato utilizando a mesma tática. Todo mundo sabe que quando se joga em casa a equipe tem o fator campo, torcida e fatores emocionais que trabalham a seu favor, portanto, o outro time vem com mais cautela, reforçando sua defesa, sabendo que o time da casa vai entrar com tudo. Mas, se o time da casa entra na "retranca", a torcida se manifesta de forma negativa, pois todo mundo sabe que em casa a gente vai pra cima e se aproveita da insegurança do adversário, esta é a tática.

Por outro lado, se vamos disputar uma partida com uma equipe vencedora e ainda jogando em sua própria casa, mudamos a tática, entramos com o sistema defensivo mais reforçado e analisamos as fraquezas do adversário criando uma forma de surpreendê-lo. Um exemplo: se o outro time (que vem com tudo) tem um lateral que ataca o tempo todo e demora em voltar, colocamos um atacante veloz naquela posição e o treinamos com lançamentos longos durante a semana, assim, podemos surpreender o adversário em seu ponto fraco ou no seu entusiasmo.

Em vendas não é diferente. Colocar sua equipe em campo diariamente com a mesma tática, o mesmo discurso é, no mínimo, desconhecimento dos adversários, pois o mercado muda, os consumidores aprendem, discutem, evoluem diariamente; novos produtos e serviços, com novas concepções, estabelecem os status; mudanças óbvias e sutis acontecem e, se quisermos obter resultados significativos neste jogo mercadológico, é melhor revermos nossos sistemas e processos comerciais.

Há a necessidade de diálogo constante com a equipe de vendas, não o bate-papo do *happy hour*, mas conversas analíticas, críticas, pensando e discutindo ações, estratégias, mudanças; a criação de um ambiente onde se habitue a equipe a pensar pró-ativamente e desenvolva uma inteligência de vendas.

É preciso rever processos e estabelecer outros, de forma técnica e intuitiva, fazendo-se necessário responder periodicamente a perguntas como:

- O que eu tenho a oferecer e como estou ofertando?
- Estamos atendendo às necessidades do mercado?
- Quais as principais mudanças ocorridas, ou que estão ocorrendo, neste mercado, neste contexto, nessa comunidade?
- O que precisamos fazer para atender a estas mudanças?
- Nosso público-alvo é o mesmo (se ampliou, reduziu)? Existem outros focos?
- Que ferramentas de prospecção estamos utilizando? Quais os resultados?
- Como e por que nosso cliente se sente atraído para nossa empresa?
- O que ninguém está fazendo e nós podemos fazer para sair na frente?
- De acordo com o potencial de nossa equipe, que processos podemos incluir em nossas ações de vendas?
- Podemos receber treinamento e apoio técnico para estas ações?

Parece simples, e realmente é, mas este tipo de avaliação pode provocar uma verdadeira revolução em seu sistema de vendas. Muitas empresas que se detiveram nesse exercício colhem hoje os frutos desta reengenharia comercial.

Estas questões podem apontar claramente se sua empresa está praticando processos "viciados" ou está inovando e obtendo resultados satisfatórios; existem processos vencedores, mas, normalmente, o caso é para aperfeiçoamento, mudanças e implantação de processos alternativos ou adicionais.

### 10 passos para atingir objetivos e metas em vendas

1. **Prospecção sempre** – pensar sobre novas possibilidades, novos mercados, novos clientes é estimulante e renova as habilidades de criação, relacionamento e adaptação. O **perigo** em não fazer vem da acomodação, pensar que os bons e velhos clientes estarão sempre lá, com a mesma disposição de antes. Dentro do planejamento de vendas, separe tempo para realizar este processo. Preferencialmente sem ansiedade, pois a melhor prospecção é cultivada.

2. **Pensar seu produto/serviço** – onde seu produto ou serviço pôde che-

gar até 2009? Por que não chegou até determinados mercados e clientes? As respostas devem gerar vantagens e benefícios agregados que serão seus novos diferenciais. Questione com profundidade, sem medo, viaje no imaginário e crie, pense, tenha um produto/serviço realmente inteligente. Pense seu produto horizontal e verticalmente.
3. **Novas abordagens** – sabe aquela abordagem de sempre que todo mundo do seu ramo utiliza? O cliente já está esperando e certamente já tem as objeções prontas. Então mude a abordagem e a explore de outras formas, pense em outras facetas do seu produto/serviço, mude sua proposta e seus enfoques.
4. **Novo estilo de negociação** – tenho desenvolvido uma tese em vendas que tem como base o sentimento das pessoas. Entendo que o homem dá muitas voltas e ciclicamente retorna às emoções mais primitivas, como aceitação, autoestima, relacionamento, amizade, segurança, confiança e conforto; levar em conta apenas as características, vantagens e benefícios é uma técnica insuficiente, pois, embora em alguns segmentos seja suficiente, tem sido utilizada mecanicamente, sem que o cliente se visualize usufruindo de cada possibilidade. É preciso desenvolver nas pessoas a sensibilidade e a verdade, colocando isso em nossas relações comerciais. Precisamos, antes de estar perto dos clientes, estar presentes; antes de atender, servir; antes de vender, satisfazer; antes de contatar, relacionar; o estilo **gente** é o que recomendo para o sucesso em vendas.

Esta dica exige uma mudança de pensamento e visão de vida, nos ajuda a perceber os valores de forma menos distorcida, transforma nossa capacidade de perguntar, argumentar e fechar, nos coloca de fato como negociadores que fazem diferença.
5. **A mágica do *network*** – no último ano fiz mais de 100 palestras voltadas exclusivamente para vendas. Na maioria delas, me lembro de ter perguntado sobre "indicações", como: **"Quem de vocês tem uma pergunta formulada para pedir indicações?"** e **"Quantos de vocês a fazem de maneira disciplinada e frequente?".** Não preciso dizer que as respostas mostraram que a maioria dos vendedores não sabe como formar uma rede de clientes. Lamentável, pois me tornei campeão de vendas por três vezes em empresas de grande porte utilizando esta técnica.

Minha pergunta ao cliente era: **"Você pode me indicar cinco pessoas de seu relacionamento para os quais eu possa levar esta oportunidade?"** Por que cinco e não dois ou três? Porque nossa mente trabalha na subtração. Geralmente temos que pedir mais para receber o suficiente, dificilmente alguém fará mais do que foi pedido, normalmente dará menos; assim, se você pede cinco, a mente vai se esforçar e chegará a pelo menos dois ou três... Mas se pedir dois ou três, o cliente te dará um ou nenhum. Seja disciplinado, peça indicações em cada negociação, seja ela bem-sucedida ou não.
6. **Vote em mim** – dê ao seu cliente razões para confiar e gostar de você. Planeje ações demonstrando que seus clientes são realmente importantes,

não somente como clientes, mas como gente. Fiz aniversário recentemente e recebi seis ligações de empresas, três delas me parabenizaram e ofertaram uma "tal" promoção de aniversário, desagradável. Outras duas, de menor porte, colocaram uma secretária para dar os parabéns de maneira formal e fria, não me fizeram sentir importante; e finalmente, da última, o gerente de uma concessionária, onde comprei um carro há mais de cinco anos, apenas desejou felicidades e me convidou para tomar um café com ele qualquer dia desses, também fez uma brincadeira sobre futebol dizendo que esperava que meu time me desse mais alegrias no próximo ano. Enfim, um ser humano me ligou, fiquei feliz, dei risadas e, sabe de uma coisa? Meu próximo carro deverá ser comprado lá!

7. **Planeje a negociação** – muitas vezes somos pegos de surpresa pelo cliente que nos questiona ou demonstra certos sentimentos que nos fazem recuar ou ficar sem ações eficazes diante dele. O que faltou? **Planejamento**! Fórmula única não funciona, é preciso planejar, pensar a negociação, adaptar aos estilos e personalidades dos clientes, e mais, precisamos fazê-lo conjuntamente, falar sobre os sucessos e fracassos nas negociações e buscar soluções de forma coletiva.

8. **Ambiente de vendas** – crie um ambiente focado no sucesso em vendas, onde a criatividade, a pró-atividade e as relações de equipe sejam comuns. Mantenha seu time envolvido no processo comercial da empresa. Crie painéis, realize pesquisas entre os vendedores, faça proposições, valorize os questionamentos e não dê asas para o negativismo. **Todo problema tem solução**.

9. **Avaliação e mudanças** – "Definitivamente, não existe nada definitivo", escutei esta frase em um treinamento e achei o máximo! Defina datas de avaliação periodicamente, avalie com critérios técnicos, deixe as emoções tranquilas, analise os resultados, perceba os pontos fortes e fracos, descubra as oportunidades e refaça o que for necessário; o importante é que a roda gire sempre, se vai funcionar é outra coisa, os planos e ações são feitos na direção do sucesso, que depende também de atitude, determinação, disciplina, confiança, fé, amor ao trabalho, orgulho, propósito...

10. **Quebre o ritmo** – lembre-se que vivendo o papel de gerente de vendas, supervisor, vendedor, *telemarketing*, atendente, balconista, consultor de vendas ou assistente comercial, existem pessoas, e estas precisam sentir satisfação e prazer em outras situações que não as vendas. Com sensibilidade, programe situações que tragam descontração, relaxamento, euforia, relacionamentos saudáveis, envolvimento familiar, desenvolvimento pessoal, motivação e espiritualidade.

No mesmo campeonato existem equipes tendo sucesso e outras se afundando; no mesmo oceano existem embarcações com sérias dificuldades de navegação e outras em cruzeiro; na mesma cidade existem pessoas fugindo para mercados melhores e outros chegando porque descobriram a terra das oportunidades; a diferença está na atitude, visão e determinação na busca de nossos objetivos.

## Múcio Morais

Palestrante motivacional, especialista em Programação Neurolinguística com atividades no Brasil e exterior. Atuou como executivo de vendas em grandes grupos como IOB, Grupo Edim e Editora Plenum, onde foi campeão brasileiro de vendas por diversas vezes; como colunista é um dos mais destacados autores na internet, sendo publicado em mais de 400 portais e *sites* especializados, inclusive na Europa, China e EUA. Hoje atua em treinamentos e eventos voltados para diversos focos empresariais. Ator e humorista, agrega suas habilidades para apresentar soluções de forma lúdica e carismática, considerado um instrutor e motivador diferenciado; por mais de 25 anos tem dedicado sua vida a ajudar pessoas a atingirem o melhor em sua performance e desenvolvimento pessoal.

**Site:** www.muciomorais.com

**E-mail:** contato@muciomorais.com

**Telefones:** (31) 3082-7271 | 9389-7951

# Anotações

# 23

# Atendimento tipo WOW!

Disciplina e divertimento não são coisas opostas, mas complementares. É simples estimular a resposta WOW, mas não é fácil, pois isso depende de termos espírito de liderança, determinação, foco, zelo, flexibilidade e dedicação

**Ômar Souki**

Ser + em Vendas Vol. II

## Ômar Souki

Ao visitarmos os parques da Disney World, praticamente a cada passo exclamamos em admiração: WOW! (pronúncia Uau!). Jim e eu decidimos então escrever sobre o efeito WOW! da Disney e chegamos à conclusão de que esse tipo de atendimento, que encanta e fideliza, depende de treinamento, organização e disciplina. Quando vemos atores e músicos "espontaneamente" fazendo maravilhas no palco, nos esquecemos de que tudo aquilo foi ensaiado, re-ensaiado e repassado infinitas vezes. De fato, toda a espontaneidade que é mostrada no palco é fruto de organização e disciplina. Quando mostramos para nossos filhos quais devem ser suas atitudes e seus comportamentos em público, estamos preparando-os para a vida. Isso também se aplica aos negócios. Por isso, lembre-se de investir no sucesso de cada membro de sua equipe. Quanto mais bem-sucedido for seu colaborador, mais bem-sucedida será sua empresa. Tudo que se investe em treinamento incrementa a disciplina de seus colaboradores e os estimula a oferecer um atendimento WOW, que, por sua vez, irá atrair mais e mais clientes. Simples, não é mesmo?

O dono de uma pequena ótica do *Shopping* Cidade, em Belo Horizonte, Minas Gerais, ficou estremecido quando viu outra ótica, três vezes maior, abrir as portas do outro lado do corredor. Mesmo antes da abertura da concorrência, durante os primeiros meses do ano já tinha verificado uma queda de 20% nas vendas. Pensou, então, que teria que fechar as portas. Mas, antes de fazê-lo, contratou um consultor que analisou a situação com mais serenidade. Acabou encontrando um caminho para reativar os negócios da empresa. Sugeriu que os vendedores, em vez de ficarem quietos atrás do balcão, fossem para o corredor do *shopping* abordar os transeuntes, oferecendo-lhes a limpeza gratuita de seus óculos. Assim foi feito e os vendedores abordavam as pessoas com a seguinte pergunta: "Você gostaria que eu limpasse os seus óculos com este líquido especial? É um novo produto que vai deixar suas lentes limpinhas!". Com uma flanela especial e o líquido de limpeza, os funcionários faziam, em questão de segundos, a limpeza dos óculos da pessoa, que saía satisfeita por ter recebido esse afago totalmente de graça. Resultado: o líquido de limpeza que antes não estava vendendo tornou-se um campeão de vendas e a saída dos outros produtos, nos dois meses seguintes, teve um aumento de 40%, apesar da abertura da concorrência. Foi preciso disciplina para treinar os funcionários, retirá-los de trás do balcão e colocá-los em ação, no corredor, mas o esforço foi regiamente recompensado. Uma mudança de atitude e de hábitos preservou o emprego de todos.

Todo treinamento eficaz deve ter como objetivo o sucesso pessoal dos funcionários. No exemplo acima, o treinamento foi feito em cima da abordagem aos transeuntes, das frases a serem pronunciadas e da simpatia ao oferecer a limpeza dos óculos, sempre com um sorriso no rosto. Essa ação permitiu o crescimento não só das vendas, mas de cada um dos vendedores, que teve de exercitar mais a sua própria iniciativa e desenvoltura. Quando se permite que os colaboradores se tornem mais eficientes, a empresa, como um todo, também se torna mais bem-sucedida. Além disso, o crescimento pessoal do colaborador incrementa a sua fidelidade à empresa. Quanto mais fiel for o seu cliente interno, mais energia emocional ele investirá na fidelização do cliente externo. De fato, é impossível ter um cliente fiel se o seu funcionário não é fiel à sua empresa.

Disciplina é o segredo do sucesso. Mas várias pessoas não gostam dessa palavra, porque a associam com autoritarismo. Quando a ouvimos, nos lembramos de alguém que foi severo conosco — pai ou mãe, um professor mal-humorado, um pregador irritado ou um padre exigente. Por isso, a própria palavra disciplina é frequentemente associada a sentimentos negativos. Mas como podemos conseguir transformar sonhos em realidade, atletas em campeões, sem disciplina? Com relação às artes e ao comércio é a mesma coisa. Tudo depende de investimento e disciplina pessoal.

É preciso de disciplina para realizarmos o que precisamos dentro das limitações do orçamento. A jornada em direção à construção de uma empresa WOW depende de se associar disciplina com diversão. Como fazer isso? Usando nossa imaginação, podemos ver, ouvir e sentir todas as pessoas e coisas maravilhosas que a disciplina pode atrair para nós. Para nos motivarmos a escrever o livro **As incríveis chaves WOW! para o seu sucesso em vendas** (Editora Novo Século), Jim e eu mantínhamos em mente as maravilhas que o livro poderia realizar na vida dos leitores. Juntaram-se duas culturas, a norte-americana e a brasileira, neste empreendimento. Conseguir isso já foi um grande WOW. Mas, o mais extraordinário é que, em nossa busca pelo WOW, encontramos uma sucessão de AHAs! (que é o som que emitimos quando descobrimos algo interessante e inesperado).

Algumas empresas, depois de ter crescimento rápido, começam a perder participação de mercado. A razão disso é que, após um período de intenso foco nas coisas que trouxeram sucesso no passado, perderam a disciplina e o foco. Sucesso no futuro, muitas vezes, depende apenas de sermos fiéis às práticas que nos proporcionaram nossos primeiros resultados positivos. Na maioria das vezes, as empresas começam a falhar por não manterem o foco e a disciplina que tinham quando abriram as portas. Por isso, é importante associar a disciplina aos bons resultados. Oh, que maravilhoso é viver agora com a expectativa de dias melhores. É essa expectativa que nos motiva a ter a energia e a iniciativa tão necessárias para realizar todas as tarefas, desde as mais simples até as mais complexas, com zelo renovado. No filme "Mary Poppins", ela diz: "Em todo trabalho que precisa ser feito há um elemento de diversão. Ao encontrá-lo, a tarefa se realiza em um passe de mágica".

A revista *Época* de agosto de 2009 publicou uma matéria baseada em dados fornecidos pelo Great Place to Work Institute (GPTW) sobre as 100 melhores empresas para se trabalhar no Brasil. Essas organizações possuem critérios rigorosos de contratação. Sim, oferecem o melhor ambiente de trabalho, e, por isso mesmo, desejam preservá-lo, isto é, mantê-lo livre de contaminações —longe de profissionais medíocres.

O que é, então, que elas desejam de seus colaboradores? Buscam quem combine uma excelente base de conhecimentos com a capacidade de trabalhar em equipe e de estar continuamente aprendendo. Procuram um profissional que tenha o comportamento adequado: competência, personalidade, postura, engajamento e adesão aos valores da organização e, principalmente, organização e disciplina. As 10 primeiras empresas desse seleto grupo foram as seguintes: Caterpillar, Chemtech, Kimberly-Clark, Plascar, Laboratório Sabin, Accor, Pormade, Kaizen, Microsoft e Cisco. A competição para entrar nessas empresas é acirrada. O depoimento dos chefes de RH de algumas delas indica o caminho para chegar lá:

1. **Saiba fazer tudo.** Deli Matsuo, diretor de RH do Google, uma das 100 melhores empresas para se trabalhar, dá a seguinte dica: "Nosso profissional de vendas também deve saber montar uma base de dados com informações de mercado e traçar uma estratégia de *marketing* com essas informações".
2. **Tenha flexibilidade e realize várias tarefas ao mesmo tempo.** É importante ter a coragem de desafiar regras a fim de inovar, gostar de estruturas flexíveis e assimilar mudanças tanto tecnológicas, quanto sociais e pessoais. Se a faxineira faltar, lavar o piso.
3. **Apresente bons resultados.** Apresentar bons resultados com consistência. Ser uma pessoa que se motiva e que motiva seus pares a produzir mais e melhor. Entusiasmo e otimismo são fundamentais!
4. **Preocupe-se com os outros.** As empresas valorizam quem se preocupa com seus semelhantes e com o meio ambiente como um todo. Os produtos e serviços mais valorizados são aqueles que atendem necessidades humanas e ecológicas.
5. **Não acione o chefe por qualquer coisa.** Espera-se que, além de ter iniciativa para resolver problemas, o colaborador também apresente sugestões para melhorias na empresa e nos produtos e serviços. É preciso ser proativo!

6. **Prove a sua competência.** Shane Smith, chefe de RH da Coca-Cola, também entre as 100 melhores para se trabalhar, afirma: "Quando um candidato chega me prometendo esforço e comprometimento eu desanimo. Quero que me convença com provas de competência, não com promessas".
7. **Saiba trabalhar em equipe.** As equipes são agora dimensionadas pelo tamanho da tarefa. O profissional, portanto, deve ter a capacidade de trabalhar tanto sozinho quanto em equipe. Deve também saber coordenar e ser coordenado. Ser humilde.
8. **Beba da cultura da empresa.** É mais do que vestir a camisa. É ter paixão pela marca. Isso é o que esperam empresas como a Embraer, a Google e a Coca-Cola. Smith afirma: "A Coca-Cola está associada a momentos de sonho e otimismo. Se o funcionário ligar esses sentimentos à empresa, o resultado será um trabalho feito com paixão e qualidade".
9. **Encontre sentindo no trabalho.** É preciso que a pessoa acredite e se realize no que faz. Para isso, precisa ter plena consciência de que aquilo que está realizando afeta o todo. Não importa se está servindo café para o chefe ou se está sentada na cadeira do chefe.
10. **Assuma a liderança.** Milton Pereira, da Serasa Experian: "Esperamos que todos os nossos funcionários sejam líderes, mesmo os estagiários". O líder conhece a empresa a fundo, atua como educador — orientando e ouvindo as pessoas — e mostra capacidade de melhorar pessoas e processos.

Ao refletir sobre essa lista de posturas e comportamentos, podemos deduzir: "Uma pessoa que se orienta por esse código de ética será, certamente, uma pessoa WOW!". Essas qualidades não se limitam às organizações com fins lucrativos, mas a todas, inclusive a família. É raro encontrar um lugar em que o efeito WOW esteja tão presente quanto na Disney. Ao visitar os parques, as pessoas têm uma resposta espontânea a quase tudo o que veem, escutam e experimentam: WOW! Também é raro encontrar um lugar onde a organização e a disciplina sejam tão valorizadas quanto na Disney. A conclusão, portanto, é que disciplina e divertimento não são coisas opostas, mas complementares. É simples estimular a resposta WOW, mas não é fácil, pois isso depende de termos espírito de liderança, determinação, foco, zelo, flexibilidade e dedicação. Na maioria dos casos, a resposta WOW não depende de acréscimos no orçamento, nem de investimentos extras em recursos humanos ou na administração da empresa. O segredo é que — não existe segredo. É preciso apenas trabalho duro, dedicação, determinação e disciplina!

*Ao associar disciplina com prazer, você realiza maravilhas!*
*Ômar Souki*

## Ômar Souki

Otimista e vibrante, Ômar Souki prima pelo seu interesse, dedicação e 221 foco na melhoria contínua das pessoas e das empresas. Ph.D. em comunicação pela Universidade de Ohio, EUA, Souki foi professor na Universidade do Estado de Nova York por 2 anos e professor visitante nas Universidades do Texas e de Denver, EUA, e na Universidade de Aston, Inglaterra. Foi professor de marketing durante 20 anos na Universidade Federal de Minas Gerais e já lecionou no programa de pós-graduação da Fundação Getúlio Vargas. Foi homenageado com a Comenda Mérito em Administração e suas ideias sobre a importância do otimismo foram destaque na Revista Seleções. Publica artigos nos principais jornais e revistas do país. É colunista das revistas Liderança e Ser Mais. Autor reconhecido internacionalmente, publicou 30 livros, entre eles, Liderança & genialidade empresarial (Academia de Inteligência), O segredo em vendas (Elevação), Os segredos da liderança (Elevação), Os segredos da motivação (Elevação), Otimismo sem limites (Landscape), Paixão por marketing (Landscape), As 7 chaves da fidelização de clientes (Harbra).
Coautor dos livros *Ser+ Líder*, *Ser+ em Vendas*, *Ser+ com PNL* e *Ser+com Palestrantes Campeões*.

**Site:** www.souki.com.br
**E-mail:** wowsouki@yahoo.com.br
**Telefone:** (37) 3222-8420

## Anotações

# 24

# O cliente não tem sempre razão, mas... tem sempre emoção!

O comportamento do cliente numa venda não pode ser entendido sem levar em consideração o papel da emoção

## Paulo Balreira Guerra

# Paulo Balreira Guerra

## 1 – O cliente tem sempre razão? A necessidade da mudança de paradigma!

*O cliente tem sempre razão!...* É uma frase que nos oferece uma ideia fundamental: "temos que nos centrar no cliente e fazer o possível para o satisfazer e bem servir".
Este conceito transportou consigo uma mudança de mentalidade para o dia a dia das empresas, consubstanciando o primado do cliente.

Em pleno século XXI, a exigência de bem servir o cliente (interno ou externo) faz a diferença entre o êxito ou fracasso da maioria dos produtos e serviços; em muitos casos, faz a diferença na sobrevivência, ou não, de uma empresa; noutros, faz a diferença entre a competência ou incompetência de um profissional.

Deste modo, exige-se que ao conceito seja dada a respectiva atualização, em resultado do conhecimento que possuímos do cérebro humano: temos que atuar com o cliente compreendendo e respeitando a sua emoção, porque independentemente de ele poder não ter razão, **tem sempre emoção**!

Podemos melhorar exponencialmente a qualidade do nosso comportamento na relação com o cliente se passarmos a incluir na compreensão do seu comportamento os elementos emocionais, já que estes são a base para o incremento da sua satisfação e fidelidade nos produtos ou serviços das empresas.

Centrados no cliente e no que ele possa sentir, tornar-se-á possível às empresas e seus profissionais entender o seu comportamento e, assim, melhor empreender as ações (preventivas e de melhoria) para a sua satisfação e fidelização.

## 2 – A venda como um processo neurológico: neurovendas

O cérebro humano está permanentemente utilizando processos de avaliação do mundo que o rodeia. Dito de uma forma simplificada, utiliza a informação que recolhe, compara-a com a que possui – com base em experiências passadas – e decide. Nesta avaliação, pode recorrer a processos mais "primários" – utilizando parte do cérebro mais ancestral – ou utilizar um maior nível de racionalidade pela ativação dos lobos pré-frontais. Os processos avaliativos comandados pelas partes mais primitivas do cérebro (sistema límbico e tronco cerebral) denominam-se *Botom-up* ou *de Baixo para Cima*. A avaliação efetuada pelo cérebro racional denomina-se *Top-down* ou *de Cima para Baixo*. Nos processos de avaliação *de Baixo para Cima*, as informações emocionais e respectivos sistemas de recompensa ou punição têm um lugar de destaque. De uma forma ou de outra, o cérebro está sempre analisando, julgando e a reagindo de acordo com a realidade.

Logo, qualquer cliente está sempre avaliando: o produto e/ou serviço, a empresa e toda sua comunicação, os empregados e, consequentemente, o vendedor e a interação com ele.

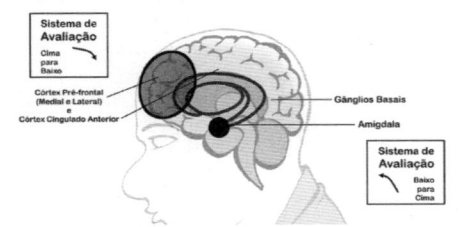

### A decisão é sempre emocional

Nos processos *de Baixo para Cima*, estão presentes os dois grandes pressupostos na decisão do cliente: o desejo de comprar o produto e/ou serviço certo; e o medo de comprar o produto e/ou o serviço errado.

A decisão de compra ocorre quando o desejo (o cliente sente que esse é o produto e/ou serviço certo) vence o medo. É como um "campo de forças", onde de um lado está o desejo e do outro o medo.

Para que as forças do desejo vençam, o vendedor terá que:

**1º)** Compreender os diversos vetores do produto e/ou serviço que consubstanciam o desejo (utilidade, qualidade, rentabilidade, eficácia, facilidade de utilização, prazer, beleza etc) e os que caracterizam o medo (risco, dificuldade, ausência de controle, não funcionamento, não fica bem, há igual e mais barato etc).
**2º)** Através dos benefícios do seu produto ou serviço, demonstrar ao cliente que a sua solução lhe permite **atingir o que deseja, bem como evitar o que lhe faz ter medo**.

Sendo a venda uma luta entre o medo e o desejo, não é de estranhar que a emoção esteja sempre presente no cliente durante o processo de venda: antes, durante e após a mesma.

### O cérebro do cliente antes da venda

Antes de ser alvo do processo de venda e recorrendo ao neocórtex – lobos pré-frontais – e aos processos *de Cima para Baixo*, o cliente antecipa as diversas alternativas, fazendo com que esse processo cognitivo resulte em estados emocionais mais positivos ou negativos.

Caso se trate de um "produto-puro" (produto sem qualquer serviço incorporado), tal fato permite ao cérebro humano tocar, ouvir, provar ou observar a sua qualidade, dispondo ao cliente informação mais objetiva para proceder à sua avaliação. Embora se baseie na sua experiência pessoal anterior (com processos avaliativos *de Baixo para Cima*), o cliente pode efetuar uma avaliação mais racional.

Todavia, a maioria dos produtos tem serviços incorporados. A intangibilidade do serviço convida a que as avaliações da qualidade – *bom ou mau* – se consubstanciem muito em critérios emocionais. A escassez de matéria objetiva e/ou palpável retira do cliente espaço de racionalização. Assim, prevalecem os critérios avaliativos *Botom-up (de Baixo para Cima)*, tipicamente manifestados por frases como: *Gostei; Não gostei; Está bom...*

Inicialmente, baseado em processos mais racionais (*Top-down - de Cima para Baixo*), o cliente lê e/ou ouve a informação que lhe é facultada – através da *mídia*, comunicação de *marketing*, amigos etc. – e opta pela entidade que pode oferecer-lhe o melhor produto e/ou serviço. No **momento da verdade** – no contato com o vendedor – a avaliação final será a que o cliente sentir. Elevadas expectativas criadas pela análise racional pré-venda ativarão mecanismos mais exigentes nos processos emocionais, condicionando-os.

### O cérebro do cliente na relação com o vendedor – O momento da verdade

A venda é uma transação de emoções. O cliente reage emocionalmente à presença do vendedor. Se sente confiança, terá estados emocionais positivos; se sente desconfiança, sua amígdala (sistema de alarme do cérebro) está permanentemente em alerta e tem respostas emocionais próximas do medo... Se o cliente sente a pressão do vendedor, poderá sentir agressividade; se o vendedor argumenta com ele num jogo de *"ping pong* argumentativo", pode desejar jogar, sentindo excitação para ganhar ou irritação por não querer perder.

**A diferença está nas pessoas** (neste caso no bom ou mau vendedor)! Esta frase feita, mas tão poucas vezes levada à prática no mundo empresarial, encontra nas equipes comercias o espelho do que poderá fazer a diferença entre sucesso e insucesso.

Um problema relacional na venda pode deitar a sua qualidade por terra. O cérebro do cliente não dá segunda oportunidade ao vendedor para causar uma boa primeira impressão. Desde os primeiros segundos o impacto emocional ficou marcado e a empatia primária (conduzida *de Baixo para Cima*) é ou não estabelecida. Depois, o encaixe empático de segundo nível acontece, ou não, pela ativação de várias áreas do cérebro social do cliente (neurônios espelho, ínsula etc).

### O processo de venda

Relativamente ao eventual produto e/ou serviço a comprar, o medo de errar e o desejo de acertar estão sempre presentes no cliente. Os próprios benefícios são elementos subjetivo-emocionais, associados aos elementos racionais, que são as características objetivas do produto. O próprio "valor acrescentado" é algo intangível, que embora possa ser explicado racionalmente, está carregado de qualificações e avaliações emocionais. Na decisão de compra congruente, é óbvio que a razão está presente, já que o cliente sabe por que decidiu, mas não é menos óbvio o fato de o desejo ter vencido o medo (mesmo que subjacente).

A arte do processo de venda está no fato de o vendedor conseguir transportar para os lobos pré-frontais (centro executivo do cérebro) do seu cliente as informações que consolidam a vitória do desejo sobre o medo e, deste modo, ativando os circuitos *de Cima para Baixo*, controlar os processos *de Baixo para Cima* menos favoráveis.

**Após a venda**

Depois de comprar, se as expectativas saem defraudadas, o cliente sente que fez uma má compra ou que foi enganado. Se corre como esperado ou até acima das expectativas, há no mínimo um sentimento positivo face ao resultado da satisfação das suas necessidades – que num estado mais elevado poderá se transformar em prazer.

Sentir uma boa ou má compra reforça os circuitos *Bottom-up* (*de Baixo para Cima*). Com grande naturalidade se procura racionalizar a emoção vivida, tentando explicitar o porquê do sentimento. Essa racionalização constituir-se-á como um importante elemento dos circuitos cerebrais de *Top-down* (*de Cima para Baixo*), mas, neste caso, claramente "formatados" pela emoção.

**3 – Conclusão: o cliente tem sempre emoção**

Numa venda ou em qualquer comportamento do cliente a emoção está sempre presente. Paradoxalmente, se queremos compreender o cliente e a sua razão, teremos que entender a emoção que o leva a pensar que tem razão. Mas com razão ou não, ele irá agir de acordo com a emoção que sente. E é este respeito pela emoção do cliente que fará a diferença na relação com ele, quer seja um cliente interno (um colega ou colaborador), quer se trate de um cliente externo.

Os processos *de Baixo para Cima* registram a informação captada em velocidades muito diferentes dos processos *de Cima para Baixo*. A influência das zonas inferiores do cérebro são mais rápidas, mas menos exatas, enquanto as comandadas pelo córtex pré-frontal são mais lentas e mais seguras. Deste modo, ativando o processo *de Baixo para Cima*, age-se primeiro e pensa-se depois. Numa frase: a aprendizagem anterior forma a percepção do presente. Portanto, o cliente nem sempre tem razão, pois os processos *de Baixo para Cima* podem toldar-lhe a razão. As antecipações que o cérebro humano faz não são mais do que perpetuar julgamentos ou avaliações anteriores e o processo de não julgamento é algo muito difícil para o cérebro sem uma participação ativa dos processos *de Cima para Baixo*.

Muitos vendedores podem apresentar razões para demonstrar que o cliente não tem razão. Provavelmente, e seguindo essa lógica, têm toda a razão. Só que o problema subsiste: o cliente continua sem razão e nós preocupamo-nos em apresentar argumentos (razões) para demonstrar que ele não tem razão. Não é de estranhar que, independentemente das fortes razões da equipe de vendas, os níveis de satisfação do cliente face às atividades comerciais e de serviços desçam! ... Descem... e continuarão a descer, em todas as empresas, enquanto não mudarmos o paradigma de análise e não nos concentrarmos na emoção.

**É na compreensão da emoção que encontramos a razão do comportamento do cliente.**

## Paulo Balreira Guerra

Licenciado em Psicologia Social e das Organizações (ISPA - Lisboa). Pós-graduação em Gestão Integrada do Conhecimento, Capital Intelectual e Recursos Humanos (Universidade Politécnica de Madrid). Diploma de Estudos Avançados em Psicologia Social (Universidade de Cádiz). Doutorando em Ciências do Trabalho (Universidade de Cádiz). Formação e Desenvolvimento de Recursos Humanos (ISPA - Lisboa). Formação de Adultos (FPCE - Lisboa). Ensino Acelerado (EUA / FIN); *Mind-Mapping* (EUA). Sugestopedia (AUT); *"Practitioner Certification"* em PNL (EUA). *"Master Certification"* em PNL (EUA); *"NLP Training & Consultancy Certification"* (ENG). Áreas de Especialização: *Coaching*; *NLP Training*; Liderança; Gestão do Tempo; Comportamento do Consumidor; Gestão Intrapessoal - Gestão do Estresse; Vendas & Negociação; Ensino Acelerado; Desenvolvimento Organizacional; Formação Pedagógica. Autor do livro *O Cliente Não tem Sempre Razão, Mas... tem Sempre Emoção!* – 2010. Coautor dos livros *Novo Humanator – Recursos Humanos e Sucesso Empresarial* (2007), *Ser+ com PNL* (2010), *Ser+ com T&D* (2010) e *Ser+com Coaching* (2011).

**Sites:** www.forcerebrus.com / www.paulobguerra.com

**E-mail:** paulo.b.guerra@forcerebrus.com

**Telefones:** 351 21 924 11 89/ 351 21 924 23 59

## Anotações

# 25

# Os segredos do profissional de vendas de $ucesso

"Onde cruzam meus talentos e paixões com as necessidades do mundo, lá está o meu caminho."
Aristóteles

**Prof. Douglas de Matteu**

## Prof. Douglas de Matteu

Vender, vender e vender mais... Esta é a frase que perpassa na mente de milhões de vendedores e empresários em geral. Como vender mais? Como alcançar resultados melhores com tanta concorrência? São questões que perturbam esses profissionais.

Diante do exposto, convido você a refletir sobre o perfil do profissional de vendas contemporâneo no sentido de apresentar comportamentos e segredos que possam potencializar seus resultados de vendas.

Acredite: a era do tirador de pedido acabou! Não basta ter somente um produto de alta qualidade. Os consumidores estão mais exigentes, e demandam uma nova postura das empresas e, principalmente, do profissional da área de vendas, ou seja, o ato de vender não é para qualquer um.

Vender na atualidade está atrelado a um novo perfil de profissional. De quem possua o olhar do todo e das partes, e se aprimore constantemente.

O profissional de vendas atua como o elo entre a empresa e o cliente, ou seja, a ligação entre as partes, logo, a qualidade deste elo está atrelada ao desempenho que cumpre.

Para contribuir com a atuação profissional em vendas, compartilho aqui os segredos do sucesso em vendas.

### Amor
Amor... Sim, o vendedor tem que amar o que faz, ter orgulho de sua profissão, pois é responsável pela captação dos clientes e, consequentemente, gera a receita necessária para dar continuidade à organização. É o profissional responsável por promover relacionamentos, que resultam em negócios.

### Foco no foco do cliente
Atualmente o foco moveu-se do cliente para o foco no foco do cliente, ou seja, não olhar somente para cliente, o recomendado é se posicionar ao lado do cliente e visualizar aonde ele quer chegar, e em seguida ajudá-lo a conquistar o seu objetivo. Isso é oferecer soluções e resultados aos seus clientes.

### Assuma uma atitude proativa e positiva
A venda começa na nossa mente. Assuma sempre atitudes positivas e as mantenha. Atue de modo paciente, mas persistente, seja franco, honesto e ético. Cumpra o prometido ou não prometa. Tenha a mente aberta, inove, seja comunicativo, tome iniciativa e faça acontecer. Transborde motivação, ou seja, ofereça ao mundo **motivos** que o levem à **ação**! Tenha objetivos, metas, foco, disciplina, organização e faça o *follow-up* (acompanhamento).

### Desenvolvimento contínuo
O profissional de vendas precisa desenvolver conhecimentos, habilidades e atitudes vencedoras continuamente, pois são as competências que vão gerar o seu resultado em vendas.

Entender que cada cliente demanda abordagens diferentes, pois possui diversas necessidades; aplicar o marketing um a um, quando cada cliente deve ser tratado de forma ímpar, singular, afinal, todos nós somos seres únicos. Conhecimentos de *marketing* são necessários e podem representar outra vantagem competitiva.

**Autoconhecimento**
Responda rápido, qual é o seu diferencial como vendedor? Quem é você? O que faz para descobrir as necessidades de seus clientes? Pare e reflita por alguns instantes. Está satisfeito com as respostas? E com os resultados?
O diálogo interno, rumo ao autoconhecimento, pode ser uma poderosa ferramenta para o profissional de vendas. Conhecer a si mesmo talvez seja o maior diferencial do profissional, pois permite o autodesenvolvimento.

**Planejamento estratégico pessoal:**
Toda organização estruturada possui claramente uma missão, visão e valores que vão alicerçar todas as suas ações rumo aos resultados. Nesse contexto, convido você a acreditar que talvez o profissional de vendas também possa desenvolver este tripé:
**Missão** - Para desenvolver sua missão responda: O que é importante para você? O que te motiva? Quais são os seus talentos? Qual o seu propósito de vida? Responda a essas perguntas e estabeleça sua missão de vida.
**Visão** - Aonde você quer chegar? O que quer se tornar? Como quer estar daqui a cinco e dez anos? Qual o legado que quer deixar? Agora construa uma frase que traduza sua visão.
**Valores** - Quais os princípios que norteiam suas ações? Quais são as coisas mais importantes da sua vida? Quais são seus valores?

Leia atentamente suas respostas e pense "E o que mais?"; "O que posso adicionar nessas importantes diretrizes do meu planejamento pessoal?".

**Domine a ciência de venda:**
Nesse sentido, proponho que quanto mais dominar as técnicas de vendas, melhor será o seu resultado. Em linhas gerais, o processo de venda pode ser estruturado da seguinte maneira: pré-abordagem, abordagem, levantamento de necessidades, apresentação, fechamento e pós-venda (MARTINS, SCHVARTZER, RIBEIRO, 2009).
Por outro lado, é relevante considerar a perspectiva do cliente, por meio do modelo **AIDA** (**atenção, interesse, desejo e ação**), tradicional no *marketing*. Com a inclusão do **S** de **satisfação** e com base nessas duas perspectivas, podemos formar os acrônimos **SAIDAS** e **AIDAS** para orientar a atuação do vendedor e potencializar os resultados de vendas conforme a figura abaixo:

**O Processo de Vendas – Modelo SAIDAS e AIDAS**

Profissional de vendas — SAIDAS
Cliente — AIDAS

Fonte: CORTEZ (2003) adaptado

A figura do processo de vendas tem como base o modelo de Edmundo Vieira Cortez (2003), porém com algumas adaptações que traduzem o passo a passo a ser seguido, conforme descrito abaixo:

**Profissional de vendas**
S - Sondagem (pré-venda)
A - Abordagem
I - Informações
D - Demonstração
A - Ação de Venda
S - Seguimento (pós-venda)

**Cliente**
A - Atenção
I - Interesse
D - Desejo
A - Ação de Compra
S - Satisfação

Nesse sentido, o processo de venda consiste em:

**Sondagem**: ou pré-venda. Aqui o profissional deverá realizar o planejamento do processo, isto é, desenvolver estratégias para prospecção de clientes e a definição de objetivos e metas a serem alcançadas.

**Abordagem**: o foco aqui deverá ser como chamar a atenção do cliente. Nesse sentido, recomenda-se observar tudo, o ambiente pode fornecer pistas valiosas para o processo. Concentre-se no aqui e agora, e desenvolva o *rapport*, ou seja, construa a empatia, sintonizando-se com o cliente. Essa é uma poderosa ferramenta que cria um vínculo inconsciente. A abordagem deverá ser criativa e estimulante para chamar a **Atenção** do cliente.

**Informações**: ou levantamento de necessidades. Antes de demonstrar os benefícios do seu produto ou serviço é necessário obter as informações do cliente, objetivando levantar suas necessidades e desejos. Estimule o diálogo com questões abertas que o permitam falar abertamente. Utilize a técnica "ponte para o futuro", ou seja, o estimule a descrever como seria sua necessidade atendida para gerar o **interesse** de compra.

**Demonstração**: deverá ser interativa. Estimule o cliente a participar do processo de demonstração, alinhe o seu discurso com as informações obtidas, dando ênfase nos pontos do produto/serviço mencionados que atendem as expectativas levantadas.

Busque gerar o **Desejo**, utilize as mesmas palavras do cliente para conquistar maior sintonia.

**Ação de venda:** aqui se evidencia a parte "chave" do processo, ou seja, comprar, assinar o pedido ou o contrato. Deve-se esclarecer ao cliente que ele está realizando um excelente negócio, abalizando um processo de "ganha-ganha", isto é, onde as duas partes saem satisfeitas. Recomenda-se usar questões que direcione o fechamento, por exemplo: "Você prefere pagamento à vista com dinheiro ou em duas vezes no cartão?" Desta maneira, independente da opção escolhida, já esta caminhando para a compra e estimula-se a **ação de compra** por parte do cliente.

    **Seguimento:** ou pós-venda. Um equívoco comum do vendedor é achar que a venda termina com a assinatura do contrato ou com a compra propriamente dita. A pós-venda vai acompanhar o pedido da empresa até o cliente. Este posicionamento gera o desenvolvimento do relacionamento com o cliente para garantir sua **satisfação**.

    Por meio do modelo apresentado fica mais fácil o vendedor aplicar o seu conhecimento. Recomendo dar uma atenção especial na pré-venda e, principalmente, no pós-venda; remova todos os tipos de pré-conceitos, desenvolva laços de relacionamento com o seu cliente, tenha empatia, coloque-se no lugar dele.

### Use as tecnologias

Use a tecnologia como ferramenta, mande *e-mails* para os seus clientes, crie um banco de dados dele e desenvolva o relacionamento. Use as redes sociais: *Facebook*, *Twitter*, *Orkut*, *Linkedin*, entre outras. Construa o seu *blog*, mostre seus produtos pelo *Youtube*. Esteja atualizado e amplie o sua rede de contatos (*Networking*).

### Ofereça algo mais

Pare e pense sempre: "E o que mais?"; "O que mais eu posso oferecer?". Avalie-se constantemente, observe resultados e posturas buscando sempre um aprendizado nos acertos e desacertos, desenvolva sua criatividade e inove.

    Envolva-se com a comunidade, ajude as pessoas, desenvolva relacionamentos duradouros e verdadeiros com todos. Seja memorável em tudo que você faz (GITOMER, 2005).

    Para concluir, o segredo fundamental para se tornar um grande profissional de vendas está em você, depende de você! A porta deve ser aberta pelo lado de dentro. Para resultados diferentes, faça algo **diferente**! Surpreenda o seu cliente! E aplique os segredos aqui revelados.

**Bibliografia:** CORTEZ, E. V. *Novas Estratégias de Vendas: a venda focada no Vendedor*, São Paulo: CLA Cultural, 2003.
GITOMER, J. *A bíblia de vendas*, São Paulo: M.Books, 2005.
MARTINS, C. A; SCHVARTZER, A; RIBEIRO, P. H. A. C. *Técnicas de Vendas*, Rio de Janeiro: FGV, 2009.

## Prof. Douglas de Matteu

Mestre em Semiótica, Tecnologias da Informação e Educação, especialista em Marketing e em Educação a Distância, pós-graduando em Gestão de Pessoas com Coaching, Administrador de Empresas, formado em Marketing e Promoção de Vendas.
Professional *Self Coach* e *Business and Executive Coaching* pelo Instituto Brasileiro de Coaching com reconhecimento internacional pelo ICI – *International Association of Coaching Institutes*, ECA – *European Coaching Association e GCC – Global Coaching Community*. Docente na Fatec de Mogi das Cruzes, Universidade de Mogi das Cruzes, Faculdade Unidade de Suzano - UNISUZ e em cursos de pós-graduação. Atuante nas áreas de Administração, Marketing, Comercial e Desenvolvimento Humano/Coaching.
Desenvolve treinamentos *in company*, palestras, Coaching e Consultoria. Presidente da Associação Brasileira dos Profissionais de Marketing (ABPM).

**Site:** www.douglasmatteu.com.br / www.abpmarketing.com.br
**E-mail**: douglasmatteu@hotmail.com
**Telefone:** (11) 3419-0585
**Blog**: http://douglasmatteu.blogspot.com

## Anotações

# 26

# Os três passos para combater as objeções

O segredo, aqui, é aprender a hora certa de argumentar

**Rodrigo Cardoso**

## Rodrigo Cardoso

Você já ouviu, alguma vez, um belo "NÃO" como resposta enquanto vendia um produto ou serviço, ou mesmo numa negociação? Imagino que sua resposta seja um sonoro:

- É CLARO QUE SIM!

É nesse momento que um profissional de vendas ou um negociador entra em desespero, colocando em dúvida a possibilidade de que, um dia, poderá fazer uma negociação ou uma venda em que tudo sairá do jeitinho que ele quer, ouvindo seu cliente dizendo "SIM" o tempo todo para tudo o que ele expor.

A questão é que esse fabuloso dia não existe. Precisamos urgentemente aprender a conviver com as objeções. E, principalmente, precisamos aprender a gostar delas. Sim, isso mesmo! A ideia pode parecer maluca, mas não é!

*Ok*, vou explicar! O pior cenário que pode acontecer a você, vendedor, é ouvir "SIM" durante toda sua explanação, mas ao final, quando fizer a pergunta-chave "E então, o senhor vai levar?", seu cliente simplesmente responder:

- NÃO, OBRIGADO!

Você fica completamente sem argumentos. Ou seja, sem objeções, não há espaço para argumentar, para convencer seu cliente de que ele pode fazer um ótimo negócio, apesar das aparentes dificuldades!

É por isso que as objeções são nossas amigas. Elas indicam o caminho para o fechamento da venda. São elas que mostram o que falta para você fazer a melhor proposta ao seu cliente. Portanto, a partir de hoje, comece a comemorar e a tirar proveito delas, mas com sabedoria e conhecimento.

O grande problema é que a maioria dos profissionais de vendas, sem treinamento adequado, quer combater as objeções no momento em que elas aparecem. É como um jogador que chuta para o gol sem considerar os zagueiros.

Neste artigo, você vai aprender o mais importante. O grande diferencial é justamente saber como driblar os zagueiros e até o goleiro para, somente depois, chutar e fazer o seu belo e certeiro gol! Aqui vão os três passos!

### Primeiro passo: descubra quais são as objeções

Você deve descobrir quais são as objeções para a conclusão positiva do negócio que você deseja realizar. Na analogia que estou fazendo, é o mesmo que descobrir quais são os zagueiros e onde estão posicionados, antes de chutar para o gol. Nesta metáfora, significa argumentar as objeções antes de tentar concretizar a venda a qualquer custo.

Como você descobre onde estão os zagueiros, ou melhor, as objeções? Perguntando ao cliente, objetivamente: <u>o que te impede de adquirir nosso produto ou serviço agora?</u>

As respostas dele você provavelmente já conhece, tais como "não tenho dinheiro", "acabei de reformar a casa", "estou sem tempo", "não posso tomar decisões sem minha esposa" etc. Pois muito bem! Esses são os seus zagueiros!

Um vendedor sem treinamento começa a combater as objeções nesse exato momento. Errado! Em outras palavras, embora ele já saiba onde estão os zagueiros, ainda assim precisa primeiro cercá-los, driblá-los para chutar apenas quando o gol estiver livre.

### Segundo passo: faça as objeções serem as últimas

Ou seja, cerque-as antes de combatê-las! É simples: de modo seguro e tranquilo, como quem quer ajudar o cliente a tomar a melhor decisão, faça perguntas usando exatamente as mesmas palavras que ele usou. Atenção! Eu digo <u>exatamente</u>, pois na mente do cliente "caro" pode ter um significado diferente de "alto custo", que também pode ser diferente de "preço acima das minhas possibilidades".

Para você pode até ser a mesma coisa, mas não corra o risco de criar sinônimos. Em vendas, isso é muito perigoso. Por isso, usando exatamente a mesma objeção do cliente, vá ao drible:

- Essa é a única coisa que te impede? Quero dizer, além de o senhor achar "caro", existe mais alguma coisa que te impede de adquirir o produto hoje?

Se ele responder que sim, basta voltar ao primeiro passo e repetir o processo, ANTES de começar a combater a objeção. Vá ganhando a confiança dele, fazendo com que haja sintonia entre vocês. Pergunte:

- Além de "caro", além do senhor não tomar decisão sem sua esposa, de não ter tempo, ainda tem mais alguma coisa que te impede?

Verifique as expressões faciais e corporais dele. Isso é muito importante. É isso que significa cercar e driblar os zagueiros. E somente depois de esgotar todas as objeções é que você deve seguir em frente.

**Terceiro passo: use o acordo condicional**

Antes de começar a usar todos os seus poderosos argumentos, tais como oferecer facilidades na forma de pagamento, modelos mais acessíveis e todos os outros que você conhece tão bem, espere até ouvir um "SIM" do cliente para seguir em frente. E esse "SIM" só poderá vir de uma pergunta infalível! Este é o meu presente para você! A grande pergunta em vendas!

**- Se nós dois juntos encontrarmos uma solução para essas objeções, com a qual O SENHOR CONCORDE, é claro, estaria disposto a falar a respeito da aquisição do produto (ou serviço)?**

Atenção, meu caro leitor e vendedor de sucesso: essa é a sua vez de chutar para o gol! Coloque ênfase no tom de voz ao dizer "... COM A QUAL O SENHOR CONCORDE...", pois são exatamente essas palavras que garantem uma única resposta a essa pergunta: SIM.

Você está partindo do pressuposto de que venderá apenas se ele concordar com as soluções. Apenas após dizer SIM é que ele estará disposto a continuar te ouvindo. Então, agora é a hora de você usar os seus eficientes e familiares argumentos para cada objeção de seu cliente.

Infelizmente, não tenho como ensinar num artigo a argumentar objeções, pois isso varia de produto para produto e de serviço para serviço. Além disso, você certamente já sabe fazer isso muito bem! O segredo, aqui, é aprender a hora certa de chutar para o gol. A hora certa de argumentar!

Meu desejo é para que você pratique muito. Utilize o "acordo condicional" (terceiro passo), memorize-o, torne-o natural e parte de sua forma de negociar! Por fim, aproveite as técnicas e faça excelentes negócios!

**Ser + em Vendas Vol. II**

## Rodrigo Cardoso

Palestrante corporativo especialista em Atitude e Comportamento Organizacional. Engenheiro formado pela Escola Politécnica da Universidade de São Paulo (USP). Pós-graduado em Psicologia - FACIS IBHE. *Leader Coach* pela Institute for International Research & Crescimentum. *Master Practitioner* em Programação Neuroligística pela SBPNL. Treinado pela Robbins Research International – EUA e Austrália, com Anthony Robbins. Participou de eventos diretamente com Richard Bandler, cofundador da PNL. Palestrante Internacional, já ministrou palestras na cidade de Orlando nos EUA e na cidade de Buenos Aires na Argentina. *Peak Performance Trainer*, no programa PARAGON com 60 horas de duração pela Matrix University do Brasil. Aluno do Processo Hoffman da Quadrinidade – Eleito como o melhor treinamento comportamental pela *Universidade de Harvard*. Ministrado para os 40 de seus melhores alunos do Curso de Gestão e Liderança. Atestado pela *Universidade da Califórnia* e *Stanford* por seu poder transformador. Autor dos livros: "*A Resposta do Sucesso está em suas Mãos*" (Ed. Tomas Nelson), "*Faça Diferente, Faça a Diferença*" (Ed. Record). Coautor do *Best Seller* internacional "Ganhando Mais, com Ian Brooks (Ed. Fundamento).

**Site:** www.rodrigocardoso.com.br

**E-mail:** equipe@rodrigocardoso.com.br

# Anotações

# 27

# Quem é sua equipe de vendas?

O treinamento, a seleção e as estratégias claras de vendas são fundamentais para se ter uma equipe vencedora

**Sandro Suda**

## Sandro Suda

Uma equipe de vendas bem construída, estruturada e motivada é um dos maiores patrimônios de uma empresa. Ela é capaz de realizar feitos incríveis e gerar o bem-estar de todos, principalmente da empresa e do fluxo de caixa, fator primordial para a sobrevivência de qualquer instituição comercial.

O treinamento, a seleção e as estratégias claras de vendas são fundamentais para se ter uma equipe vencedora. Sempre me preocupei com isso, mas pensando no que poderia contribuir para a melhoria do desempenho e a motivação de quem cuida da equipe de vendas, percebi que há um ponto vulnerável que geralmente ocorre nas empresas. Elas não compreendem ou não conhecem seus vendedores e quando passam a entender como pensam e se sentem, muitos problemas são resolvidos.

Trabalho com vendas há mais de 25 anos, atuei com vários tipos de equipes, diretas, indiretas e terceirizadas. A realidade da formação destas equipes é bem longe do que está nos livros de vendas, esses grupos são formados por grande parte de pessoas que não queriam estar nesta profissão e com o tempo passaram a se tornar "vendedores". Independente de como é formada, a empresa deve valorizar a equipe de vendas que possui. Esse é um bom início para melhorar os resultados.

Conversando com estas equipes, um ponto em comum foram as dificuldades que elas passavam ao se comunicar com a própria empresa, independente do departamento, e em alguns casos até com o departamento administrativo interno de vendas, que deveria ser o porta-voz da equipe externa. Isso sempre me chamou a atenção e percebi que era um dos fatores que mais desmotivavam os vendedores. Eles não se **"sentem em casa"** quando estão dentro da empresa que trabalham ou representam, são verdadeiros estranhos na busca de um rosto amigo ou de um sorriso de alguém qualquer. Isso ocorre justamente com quem é responsável pela imagem da empresa perante os clientes e o mercado.

As empresas comerciais, com sua base de vendas composta por vendedores externos, deveriam passar para todos os funcionários internos quem são as pessoas que representam a empresa no mercado em cada setor, seus objetivos principais, como é o trabalho de cada um e até mesmo os resultados alcançados. Isso de certa forma facilitaria o relacionamento da empresa com sua equipe externa e os funcionários internos vão descobrir em que parte o seu trabalho interfere nos resultados dos vendedores e da empresa, criando uma relação importante entre eles. Mesmo que raramente ocorra o contato direto, e que seja feito por *e-mail* ou telefone, a comunicação será mais produtiva e principalmente os vendedores vão se sentir mais protegidos. Digo *protegidos* porque o dia a dia do vendedor é uma disputa por participação de mercado e quando ele tiver contato com alguém da empresa, será muito bom encontrar quem o compreenda, que esteja disposto a ajudá-lo, a facilitar seu trabalho e que dê atenção necessária ou até mesmo um ouvido amigo que lhe dê forças para continuar seu trabalho.

As pessoas internas, que têm um maior contato com a equipe de vendas, precisam de treinamento para se relacionar com a equipe externa, têm que ter habilidade para compreender o que realmente é necessário e ao fim da conversas deve haver um clima positivo. Compreender que vendedores cumprem metas dentro do mês, que o mês é curto e todos os assuntos de vendas são importantes, fará com que a equipe de vendas se sinta mais forte e com vontade de conquistar seus objetivos em nome de todos.

Para o vendedor, o mais importante são os assuntos que se referem a fatos que vão lhe ajudar no mês para atingir seus objetivos. Esta equipe está voltada para o agora, geralmente as pessoas falam alto, são agitadas e querem tudo para ontem, de certa forma quem é interno e tem em seu dia a dia tudo certinho, é pontual até no horário do almoço e almoça todos os dias, pensa que os vendedores são desorganizados, atrapalhados, nervosos e não sabem pedir.

Ao falar com o vendedor sobre coisas que vão ou que podem acontecer no futuro, é preciso compreender que quando digo *futuro* para um vendedor que atua em mercados altamente competitivos, o mês que vêm pode ser um futuro distante. Tem a hora certa de se falar destes assuntos, e pelo tom da voz do vendedor há como concluir que naquele momento ele só quer saber das soluções imediatas.

Tem uma frase que gosto de usar para ajudar as pessoas que vão se relacionar com uma equipe de vendas a compreenderem por que os vendedores são assim.

*"Um novo vendedor nasce todo dia primeiro e morre no último dia de cada mês"*

Sobre os assuntos do mês seguinte, o vendedor deste mês está pouco interessado, mas o novo vendedor que irá nascer no dia primeiro do mês seguinte, esse sim, quer saber tudo que se refere ao mês que ele viverá.

É simples compreender quem é de vendas, é importante que ele se sinta em casa quando passar pela empresa ou fizer contato. Os resultados são surpreendentes, basta se envolver, envolver todos os departamentos da empresa e fazer com que ela compreenda que seu trabalho tem o objetivo final nas mãos da equipe de vendas e é ela que vai definir se o esforço de todos valeu a pena.

## Sandro Suda

É formado em Ciências Econômicas (1998). Trabalhou nas empresas Pepsico do Brasil (1985 – 1986); Nestlé do Brasil (1987 – 2000 e 2001 – 2002), tendo a oportunidade de atuar em várias regiões, liderando equipes de vendas e *merchandising* de todos os formatos (participou do processo de incorporação da marca Tostines pela multinacional Nestlé); Jasmine produtos naturais (2000 – 2001), onde contribuiu para a liderança do mercado nacional no segmento de produtos naturais. Atualmente é diretor comercial da empresa Komlog, proprietária da marca KOMECO, líder em aquecedores de água a gás e entre as 10 maiores no segmento de condicionadores de ar *split*.

**Telefone:** (48) 8813-6915

# Anotações

# 28

# A experiência que faz vender

Empresas que ainda não proporcionam uma experiência de compra a seus clientes perdem, e muito, a chance de aumentar suas vendas. Apresentar o produto com mais detalhamento gera diversos benefícios ao cliente e ao vendedor

**William Caldas**

# William Caldas

Em recente viagem a Nova York (01/2011), estive na *Apple Store* da 5ª Avenida para observar como aquela equipe de vendas faz para atender aos aficionados clientes, provocando experiências de compra verdadeiramente magníficas. Uma loja espaçosa, pé direito alto, com várias mesas e cadeiras para permitir (a um "sem número" de apaixonados pelos produtos da maçã mais desejada no mundo atualmente) a liberdade para usar os produtos. Acesso gratuito à *internet* e um mar de produtos como *iMac*, *iPad*, *iPod*, *iPhone* e *macbooks* para que os potenciais clientes usem e testem. Em resumo, para que eles tenham o que chamo de "mágica experiência" com o produto e tomem a decisão da compra. Observei que havia pessoas usando os computadores para editar pequenos filmes, ouvir músicas, acessar *e-mails*, navegar em *websites*, conversar *online*, enfim, uma oportunidade única para quem conhece e para quem não conhece a marca. Inclusive em toda a ilha de Manhattan o consumo, principalmente nas lojas de grifes mundialmente famosas e até em livrarias, é estimulado a partir do contato do cliente com o produto, sem prazo definido pelo vendedor.

Liberdade que gera venda. Esta estratégia adotada pela Apple em suas lojas é hoje um dos diferenciais das grandes marcas para melhorar seus resultados. Concessionárias orientam sempre a seus vendedores que estimulem seus clientes (até mesmo os que dizem já conhecer os automóveis) a fazer o *test-drive* para que exista a experiência, o que estimula o desejo e proporciona a venda. Conheço vendedores que ainda não entenderam que o atendimento vem antes da venda, e que ousam até mesmo perguntar a seus clientes se pretendem comprar o produto, para que, numa triagem "criminosa", deem atenção apenas aos que já estão decididos. Estes, infelizmente, não aprenderam que quem "converte" a cabeça dos clientes é o vendedor. Existem marcas mundialmente conceituadas que tratam sua equipe de vendas por "evangelistas". Elas já aprenderam que o misto entre proporcionar experiências de compra com atendimento *show* só termina em um destino: a venda.

Você deve estar se perguntando como fazer para aplicar esta estratégia de proporcionar experiências de compra aos seus clientes. Eu lhe digo que é mais simples do que você imagina.

Muitos clientes que são visitados por equipes de vendas porta a porta pedem para "testar" o produto ou o serviço, e eu afirmo a você: se fizer uma pesquisa com 10 dos seus *prospects* permitindo que usem seu produto ou serviço como num *test-drive* e outros 10 a quem você negar o teste, a maior parte das vendas possivelmente nascerá da lista dos *prospects* que fizeram o teste. Muitos chamam de degustação. Eu lhes convido a adotar este argumento: "O Sr. terá o privilégio de experimentar nosso produto".

Para implementar uma estratégia como esta em sua organização ou em sua carteira de clientes, você primeiro precisa treinar sua equipe. Vendedores que não compraram mentalmente seus produtos ou serviços com certeza possuem inúmeras dificuldades para vendê-los. Sendo possível, sugiro que o primeiro passo de treinamento interno seja proporcionar à sua equipe de vendas a mesma experiência: testar os produtos ou serviços, obviamente na parte que seja possível fazer isso. Em um segundo momento, sua equipe de gerentes de vendas deve acompanhar alternadamente o processo de provocar experiências em seus clientes. Se for uma loja, que o gerente faça uma parceria com a equipe e acompanhe pelo menos uma venda com cada vendedor por dia, durante uma semana. A repetição do método garante o sucesso.

Os benefícios são inúmeros quando sua equipe proporciona experiências a seus clientes.

Aqui estão alguns:

**1.** Relacionamento só existe quando o uso da comunicação entre vendedor e cliente é frequente, por isso a estratégia que sugere que vendedores proporcionem frequentemente experiências aos clientes fará com que sua equipe tenha que usar uma grande parte dos argumentos aprendidos nos treinamentos.

**2.** Pesquisas de satisfação revelam que clientes que usam/testam os produtos antes da compra tornam-se "evangelizadores" de outros consumidores, potencializando uma outra equipe de vendas de sua empresa: seus clientes fiéis.

**3.** Clientes que experimentam os produtos ou serviços antes da compra têm a chance de fazer as mesmas perguntas que fariam no pós-venda. Isso reduz significativamente o índice de insatisfação dos clientes com os vendedores, evitando aquela velha frase "o vendedor não me falou isso ou aquilo".

**4.** Ao proporcionar a experiência com o produto, o vendedor "pratica" o "uso" deste e isso vale também como um treinamento ao longo do tempo. Perguntas difíceis vindas dos clientes normalmente se repetem, portanto, teremos cada vez mais especialistas em determinados produtos.

# William Caldas

Empresas que ainda não proporcionam uma experiência de compra a seus clientes perdem, e muito, a chance de aumentar suas vendas. Conheço empresários que ainda resistem em aumentar sua equipe de vendas para proporcionar um melhor atendimento a seus clientes. Persistem em ter equipes que estão desproporcionais ao ritmo de vendas da empresa. Aquele empresário que há 10 anos atendia 150 clientes por mês com 5 vendedores insiste em ter apenas os 5 para atender hoje mais de 2.000 clientes.

Relacionarei agora o que perdem as equipes de vendas que não proporcionam experiências bacanas a seus clientes:

**1.** Ao contrário do que muitos vendedores pensam, até os mais resistentes clientes, aqueles que dizem querer dar apenas uma olhadinha, se convidados a experimentar o produto, ficam mais sensíveis à compra. No mínimo vão contar a outros possíveis clientes que testaram seu produto e darão seu testemunho, possivelmente convencendo outros a comprar de sua empresa.

**2.** A conscientização da equipe inteira sobre a necessidade de apresentar o produto com mais detalhamento aos clientes fica comprometida. Vendedores sem compromisso são como concorrentes trabalhando em sua equipe: querem tudo, menos o sucesso do negócio.

**3.** "Esse produto não vende", diz o vendedor despreparado. Sem ter argumentos plausíveis fica difícil um vendedor explicar a seu líder de vendas os motivos da não venda. Sem apresentar adequadamente o produto ao cliente e sem usá-lo pelo menos na demonstração, fica complicado explicar essa frase: "esse produto não vende".

Voltando à minha visita à *Apple Store*, lembro-me de um diálogo com um dos vendedores, quando perguntei a ele sobre o comportamento aficionado dos consumidores que fazem filas quilométricas em dia de lançamento, que encaram uma lista de espera gigante, só para ter a oportunidade de gastar dinheiro com produtos da marca. "Vocês acham isso natural? Acham que a marca conseguirá sustentar esse afã dos clientes por mais tempo?", eu quis saber. O jovem, que enquanto conversava comigo, finalizava compras para vários clientes usando seu *Iphone 4* como máquina registradora e leitor de código de barras, disse que os fãs da marca estão dentro e fora das lojas. A própria equipe vive o êxtase de trabalhar nos bastidores ou na linha de frente. E com um sorriso, ele admite que os vendedores da

## Ser + em Vendas Vol. II

*Apple Store* não são parecidos com os clientes apenas na maneira aficionada com que lidam com a marca, mas também na ansiedade que cerca cada lançamento. A Apple mantém segredos da própria equipe comercial até poucas horas antes de abrir as portas a cada lançamento. Ao contrário de se sentir desprezado pela empresa, o vendedor se sente parte de uma grande estratégia, e valoriza isso, com um sorriso no rosto.

**William Caldas**

Formado em Comunicação Social, bacharel em Relações Públicas com extensão em Gestão do Conhecimento pela Fundação Getúlio Vargas. Vendedor por mais de 10 anos no mercado brasileiro. Atuou como consultor especialista para a multinacional americana Equifax, atendendo para esta, empresas de diversos segmentos (indústria, comércio, atacado e varejo). Coautor dos livros: *Do porteiro ao presidente, todo mundo vende, todo mundo atende* - editora C/Arte (2009), *Os 30+ Especialistas em motivação do Brasil* - editora 3C (2009), *Ser+ com PNL - Dicas de Programação Neolinguística que podem mudar sua vida* – da editora Ser Mais (2010). Autor dos DVDs: gravado ao vivo em Belo Horizonte/MG *Show de Atendimento* (2009); *As etapas vitais da venda*, gravado em Paris/França (2011); *Os 10 maiores erros de um chefe*, gravado em Zurich/Suiça (2011). Motivação para equipes de vendas, gravado em Milão/Itália e 5 coisas óbvias em atendimento que te fazem perder vendas, gravado em Londres/Inglaterra. Eleito em 2009 pela Editora 3C do Rio de Janeiro, como um dos 30+ especialistas em motivação do Brasil. Pesquisa a vanguarda das estratégias de atendimento a clientes no Brasil. Entre 2010 e 2011 foi a Portugal, Espanha, França, Estados Unidos, Inglaterra, Alemanha, Suíça e Itália, para pesquisar os processos de atendimento a clientes e vendas.

**Site:** www.williamcaldas.com.br

**Telefone:** (31) 9796-8911

## Anotações

# 29

# A principal tarefa de um profissional de vendas

Construir relacionamentos sustentáveis é a principal tarefa de um profissional de vendas. Para isso é necessário vencer dois desafios fundamentais: converter consumidores em clientes e transformar cliente em freguês. Em ambos os casos, é o vendedor o responsável por proporcionar excelentes experiências de compra aos clientes ao longo do tempo e fazê-los preferir sua empresa. Cumprir esta tarefa plenamente deve ser a razão de existir de um profissional de vendas

**Wolney Pereira**

## Wolney Pereira

No atual cenário de alta competitividade observado na maioria dos mercados, o profissional de vendas tem sido relacionado a uma série de tarefas, sendo algumas simples e outras de alta complexidade. Essas tarefas vão desde compor um planejamento mensal de vendas a realizar visitas, negociar contratos e elaborar propostas comerciais. Este composto tem condicionado o profissional de vendas a ser multifuncional, conectado continuamente a seus clientes e às movimentações dos concorrentes e outros participantes do mercado.

Embora estas tarefas agregadas sejam realizadas com o intuito de melhorar o desempenho do profissional de vendas neste novo cenário competitivo, é muito importante manter preservada a essência de vendas durante a execução das mesmas, ou seja, resguardar os princípios que embasam a atividade comercial nas empresas. O profissional não deve se esquecer do motivo fundamental da sua existência na empresa, principalmente para que este possa servir de norte na realização das tarefas cotidianas.

Ao construir um planejamento, ou mesmo visitar e negociar com clientes, deve estar consciente de que na atividade de vendas há dois motivos básicos para seu trabalho existir: conquistar e reter clientes. A realização das tarefas deve sempre estar orientada em fazer com que sua carteira de clientes aumente e, principalmente, que eles permaneçam cada vez mais próximos comprando os produtos e serviços de sua empresa pelo maior período possível. Neste caso, podemos entender que conquistar clientes é muito importante, mas tão primordial quanto é mantê-los ao nosso lado.

Diante disso, deve sempre se lembrar de que sua principal tarefa é CONSTRUIR RELACIONAMENTOS SUSTENTÁVEIS. Por meio do relacionamento consegue-se estabelecer credibilidade e confiança, fatores primordiais para a ampliação e continuidade do processo de vendas. Além disso, é possível entender melhor a necessidade dos clientes e propor soluções direcionadas ao longo do tempo, reforçando a premissa de que o vendedor deve ajudar o cliente na escolha da melhor alternativa de compra para que o mesmo o considere seus comentários e indicações valiosos e apropriados.

Na construção de relacionamento existem duas fases, que se traduzem no dia a dia em desafios.

1. O primeiro dos desafios a serem vencidos se trata de converter consumidores em clientes;

2. O segundo desafio se resume em transformar o cliente já conquistado em cliente fiel, ou melhor, em freguês.

Como veremos a seguir, cada um dos desafios tem suas peculiaridades, que devem ser respeitadas e entendidas para que um relacionamento sustentável seja construído.

## Ser + em Vendas Vol. II

**1º desafio - Converter consumidores em clientes**

A construção de um relacionamento sustentável se inicia para o profissional de vendas com a conversão de consumidores em clientes da sua empresa. Aqui vale reforçar que a principal diferença entre consumidor e cliente reside na perspectiva em que cada um se apoia para realizar suas compras, ou seja, no fator de motivação individual que determina sua escolha diante das alternativas disponíveis no mercado.

No caso dos consumidores, podemos entender este grupo como aqueles que compram somente o produto e sua utilidade direta, dando atenção basicamente às características do produto ou serviço oferecido. Neste caso, o consumidor é aquele que compra sem estabelecer um vínculo afetivo com o produto, escolhendo qualquer um que possa atender às suas intenções naquele momento. É, na maioria das vezes, o grupo com maior quantidade de elementos do mercado e estão comprando de várias marcas ao mesmo tempo.

Já o cliente é caracterizado por estabelecer uma identificação, tendo em vista que reconhece amplamente os benefícios propostos. Quando há valorização das vantagens, existe a criação de um vínculo maior e consequentemente a motivação de compra se transforma pela identificação. O cliente passa a comprar o composto da marca, empresa e atendimento. Por isso a identificação ocorre em três dimensões – produto, empresa e profissional de vendas - que conduzem o esforço de compra realizado pelo cliente.

Quando o cliente se identifica com o produto, seus atributos físicos são substituídos pelo resultado alcançado pela sua utilização. O que passa a predominar na sua mente é a satisfação pelo uso e não necessariamente a utilidade direta. Este tipo de identificação se resume à percepção da marca e seus atributos. Na identificação com a empresa, geralmente o cliente tem uma relação positiva com a filosofia empresarial, ou seja, o modo de agir da empresa baseado na visão, missão e valores. Também são considerados sua localização, as instalações e os processos desenvolvidos.

A identificação com o profissional de vendas é poderosa, pois trata diretamente da credibilidade estruturada na mente do cliente. Mesmo quando o produto tem benefícios valiosos e a empresa um posicionamento inteligente, é através da atuação do profissional de vendas que estas vantagens são consolidadas. O profissional de vendas tem o poder de potencializar a experiência de compra, e a experiência de compra é o principal fator motivacional para o consumidor confirmar sua conversão em cliente.

Portanto, o profissional de vendas é o principal responsável por proporcionar ao consumidor uma excelente experiência de compra. Isso significa atendê-lo de forma exclusiva. Para o consumidor, um excelente atendimento representa ser ouvido com atenção, ter suas necessidades tratadas com prioridade e receber soluções personalizadas. Assim, o desafio de converter consumidores em clientes é facilmente ultrapassado pelos profissionais que entendem a importância e praticam atendimentos diferenciados aos seus potenciais clientes.

### 2º desafio – Transformar cliente em freguês

Para construir relacionamentos sustentáveis, o profissional de vendas deve lembrar que um cliente pode se identificar ao mesmo tempo com várias marcas, empresas e profissionais de vendas. Com isso, sua preferência será conquistada por aquele que gerar melhores experiências de compra ao longo do tempo, tornando-o um cliente fiel, ou melhor, seu freguês. Assim, aquele cliente que reconhece boas experiências de compra repetidas vezes se identifica cada vez mais e tem boas chances de preferir comprar exclusivamente de sua empresa.

Neste caso, o profissional de vendas tem o papel fundamental de promover a aproximação contínua com o cliente. Ao proporcionar continuamente experiências de compras positivas, mantendo acompanhamento e interatividade constante, com um padrão de atendimento excelente e cada vez mais personalizado, o profissional de vendas consegue progredir no relacionamento com o cliente e gerar um nível maior de identificação entre ambos.

Além de estreitar o vínculo, manter-se num alto grau de relacionamento com o cliente favorece sua "blindagem" em relação a possíveis propostas apresentadas pelos concorrentes. Desta forma, os clientes ficam menos suscetíveis a ofertas e promoções estruturadas pelo mercado, pois o custo para mudar de um fornecedor que já o conhece, atende seus desejos e necessidades, fica cada vez mais alto. O cliente pondera neste caso quanto às experiências que o profissional de vendas lhe proporcionou ao longo do tempo, buscando novamente sua atenção para escolher a melhor alternativa.

A sustentabilidade do relacionamento vem da constante disponibilidade do profissional de vendas em prestar um atendimento de excelência. Aquele que se mantém dedicado ao cliente após sua primeira compra tem maiores chances de formá-lo um freguês. Para vencer este segundo desafio, o profissional de vendas deve ter em mente que quanto mais clientes fiéis ele conquistar, maiores são as probabilidades do seu desempenho ser satisfatório.

Por fim, vale ressaltar que construir relacionamentos sustentáveis depende fundamentalmente do comportamento do profissional de vendas. Para isso, há a necessidade de comprometimento efetivo com esta tarefa. Cumpri-la plenamente deve ser a razão de existir de um profissional de vendas.

## Wolney Pereira

Administrador com mestrado em Administração pelo IBMEC/RJ. Empresário com mais de 20 anos de experiência nas áreas de vendas, estratégias de negócios e *marketing*. Diretor comercial da Out Of Home Publicidade, com planejamentos de *marketing* elaborados para o Brasil e exterior, diretor executivo da Inecon – Inteligência e Conhecimento em Gestão, desenvolvendo projetos de integração entre tecnologia e educação (EAD) e consultor associado da ModusRh – Gestão de pessoas da área comercial. Coordenador executivo dos MBAs em Gestão Estratégica de Vendas e Estratégias de Vendas da UniveB – Escola Superior de Vendas do Brasil. Professor de MBA nas áreas de negócios e *marketing* da EBS - Estação Business School e professor convidado de MBAs na Universidade Federal do Paraná (UFPR).

**Site**: www.univeb.com.br

**E-mails**: wolney@univeb.com.br / wolney@inecon.com.br

## Anotações